正說李宗吾

——現代思想史上的厚黑教主

陳遠　著

許倬雲先生序

陳遠先生為李宗吾撰作傳記，堅囑作序，擲下原稿，卻幾乎郵誤。昨日終於收到，今日催稿甚亟，遂以半日閱讀——也正因為作者的文筆流暢，引人入勝，方能在半日讀畢這一奇人的平生。

李宗吾一生，大多數人只知道他是「厚黑教主」，以為他提倡做人要「面厚心黑」，卻也有人深知「厚黑學」裏寓針砭於嘲諷人類社會，不論在哪一文化體系，其實都有理想與現實之間的落差。聖哲們為我們界定了善惡是非的意義，盼望人間有規範約束。實際的情形，人類還是不脫自私自利的獸性，大多數人不會掩飾，遂以愚陋卑鄙見之於言行，倒也不脫原形。與此等人相處，一見即有戒心，是以此等人，正如路旁的污泥，避之則吉，不成大患；另有一些人，貌忠信而居心險惡，則是道路上的陷坑，防不勝防。李宗吾所謂「厚黑」之人，即是此輩，李宗吾的厚黑學理論，發之於二十世紀的前半段。那時的中國，文化已在崩潰之時，本已腐爛，更何況西方文化的強勢侵入。一百多年來，中國在救亡與尋找新方向的雙重壓力下，各種價值觀紛至沓來，令人迷惘。這是一個禮壞樂崩的局面。不少人混水摸魚，居然可以騰達得意，他們看上去是衣冠楚楚道貌岸然，其實是借了黑森林掩藏豺狼虎豹的真面目，吞噬攫奪。李宗吾的厚黑學，則是燃犀燭隱，揭了黑森林中的勾當而已。

狂狷之士，自從楚狂接輿以來，何時無之？只是在文化交替時，世間沒有了規範約束，更多狂生狷士。李宗吾居狂狷之間，狂不足以挑戰，狷不足以自隱，於是嘲世，潔身有所不為。蔣介石禁他的著作，他還居然能老死牖下，若晚生數十年，抑或多活數十年，恐怕是狂者不能不殉身，狷者也難餘生了！

李宗吾常以三國人物比喻「厚黑」，為此想起擊鼓罵曹的禰衡，及不能全身而退的孔融。今日之世，他們也都不能有存活的機會！

李宗吾在厚黑學之外，還有學術思考及改革理想，對於荀孟之間，個人主義與集體主義之間，社會進化論與無政府主義之間……種種矛盾之處，李宗吾均有其調和的構想。

若從辯證論的角度入手，李宗吾的闡釋，仍頗多可以發揮的空間。可惜世人只記得他的厚黑學，卻未在這一方面多加注意。於是，李宗吾終於被他同時代的人忽略，也更為後人遺忘了！

小引

他與新文化運動的旗手陳獨秀生於同年，比名重一時的大學者吳稚暉要小十四歲，比大名鼎鼎的胡適則要大上十歲。後面這些人，都曾經在近現代思想史上留下濃重的痕跡，雖然在一九四九年之後他們一度被主流話語遺棄，但是在學術界和思想界中，他們所留下的資源依然佔有主流地位，而且在這之前，他們曾經一度是時代思想的弄潮兒，主流意識的創造者。與這些人物不同，本書的主人公雖然也處於那個偉大的時代，但是卻從來沒有登上過大雅之堂，並且在以後的學術史和思想史中，他的名字依然是名不見經傳。

他是學者，曾經寫下《中國學術之趨勢》，對於古今學術加以爬梳，所引資料都是人人可見的書，而觀點卻別出心裁，暗合史學大家陳寅恪「由史實出史識」的話；他是教育家，曾經寫下《考試制之商榷》，對於他所處時代的教育制度圈圈點點，至今讀來仍有啟示；他更是一個思想家，於萬千詞語中拈出「厚黑」兩個字，使古往今來的思想皆成為這兩個字的注腳。因為「厚黑」，他的名字流之久遠，罵之者稱其「敗壞世道人心」，譽之者稱其為「思想史上的一顆彗星」。但是無論毀譽，厚黑學影響之廣是的的確確，至今仍有不少人依然奉「厚黑」為自己的處世之道，還在內心深處依然供奉著這位「厚黑教主」的牌位。殊不知，這恰恰違反了這位「厚黑教主」的本意。

他就是李宗吾。但是如果你去問人「李宗吾」這個名字，或進一步詢問他的事蹟，大概十有八九會一無所獲。

孟子說：「頌其詩，讀其書，不知其人，可乎？」所以，我想寫寫李宗吾，不僅寫他的事蹟，而且寫他的思想。怎麼寫，抄書而已。但既然是抄書，就希望能字字有來歷，有出處。但是即使這樣，恐怕也非處於地下的「厚黑教主」所願，因為這位教主在生前常以孔子自比。我們平時所看的，多是「子曰」如何如何，何嘗看過「子」如何如何？究其原因，想來是聖人期以傳世的，是其思想而非其人其事。但是我們人人有一個大腦，可以自己去思考，何勞憑藉所謂「聖人」？倒是作為一個對歷史素有興趣並以此為樂的人，對於這個「厚黑教主」的來龍去脈更感興趣。

他外表自傲，骨子裏卻有些自卑。他的思想，讓某些人成為戰無不勝的常勝將軍，但是卻正是這些人，提起他來常常嗤之以鼻，而他卻要憑藉這些人使他的思想流傳，這是他的悲哀所在；那些瞭解他的人，無論是在他生前身後，他大概都不會視之為「同道」，這是他的寂寞所在。他到底是怎樣一個人？他的思想到底怎樣？這些，都會陸續出現在這本小書當中。

他是這本小書的主角，但是我卻把他放在了一個更大的背景當中，雖然他生前跟當時的思想界和學術界的接觸並不多。這是一次嘗試，我希望是成功的。

目次

第四部　李宗吾在二十世紀思想史中的位置

附錄三　評論九篇

第一部

成長

第一章　愧對子由

人上一百，五藝俱全；人上一億，千奇百怪。四川是中國第一大省，林子大了，什麼鳥兒都有。按人口比例，也應比小省的人才出得多。量中求質，四川的好人、壞人、奇人、美人都往往在全國「蓋帽」。且說當代，四川第一好人，就是全國第一好人。誰？「小平，您好！」蓋了帽嘍。再舉四川好人，文學大師巴老如何？他老人家是文革後提倡說真話，且有懺悔誠意的代表人物，可欽可佩。文革前呢？大文豪郭沫若也是四川人，此公有兩個「蓋帽」：二〇年代宣稱叛逆精神之最，五〇年代漸變為文化悲劇之最。四川人變化兩極的幅度驚人，可悲可歎。我早年喜歡四川同鄉郭老的青春叛逆，現在敬仰四川同鄉巴老的晚霞真誠。

我與余秋雨笑談：你們上海文壇聖者巴老，是我們四川老鄉。還有，黃浦外灘的上海市長巨大塑像，也是我們四川人陳毅啊！共和國十大元帥，四位說川話。四川人文武全才，文到魁首，武到元戎。眾所周知，大畫家張大千是四川人。但世人罕知，還有一位四川人陳子莊是「梵高」式的大畫家。他生前受盡政治運動折磨，窮困潦倒，淪為街頭苦力，死後才被國內外畫壇發現其作品的巨大價值。

還有一位四川自貢人，幸好只活到花甲之歲得以善終，如果活到古稀之年必定慘死！此人便是「厚黑教主」李宗吾。他佯狂創建「厚黑學」，戲言與儒教孔子、道教老子、佛教釋迦牟尼並列。其憤世嫉俗的揭露批判影響，到下個世紀仍有生命力。不僅傳播全國，還覆蓋海外華人社會。再想一想：現在還有哪些四川人在全國「蓋帽」？啊！影后或稱「妖后」劉曉慶；首富或叫「首騙」牟其中；武林大師或「誇大之師」海燈，以及其高足嚴新；其同鄉胡萬林……三教九流，十妖八魔，褒也「蓋帽」，貶也「蓋帽」，奇奇怪怪的四川人！

呵呵，談笑間，檣弩灰飛湮滅！

四川鬼才魏明倫在這篇〈奇奇怪怪四川人〉中用了最多的筆墨所說到的「厚黑教主」李宗吾，是我這本小書的傳主。在二十世紀上半葉的知識份子當中，李宗吾不是具有代表性的一個，但卻富有典型性。他最初的理想，大概是投身革命，改造社會，但最終半途而廢，他一度想躋身學界，但是時代卻沒有給他一個機會。他大概無心做一個思想者，但是富有強烈的獨立意識的他卻在無意中發明瞭厚黑學，厚黑學又在無意中流布，然而在正統的思想史上，卻從來也沒有他的位置。於是，他成了思想史上的失蹤者。在兩千年來思想史上的失蹤者中，他是一個典型代表。在他所處的時代裏，他是一個畸形的人物，在他身後的世界中，也沒有多少人真正瞭解他。要研究民間思想史，李宗吾是一個意味深長的個案。

李宗吾，四川富順自流井人（今屬自貢市），生於一八七九年三月三日。父親最初給他起名世全，後改為世銓。一八九四年自己改名為李世楷，字宗儒。隨後又改為李宗吾，遂以此行。在他的自傳體文章《迂老自述》中，李宗吾把自己的出生與宋代的詩人蘇子由進行了一番牽強的聯繫：「我父生於道光乙未年八月，光緒乙亥年八月，滿四十。我生於己卯年正月，正是我父閉戶讀書時代所生的，故我天性好讀書。世稱：蘇老泉，二十七歲，發憤讀書。蘇老泉生於宋真宗祥符二年己酉，仁宗明道二年乙亥，滿二十七歲。蘇東坡生於丙子年十二月十九日，蘇子由生於己卯年二月二十二日，他兄弟二人，正是老泉發憤讀書時代所生的。蘇老泉二十七歲，發憤讀書，生出兩位文豪；我父四十歲，發憤讀書，生出一位教主，豈非奇事？我父同蘇老泉發憤讀書，俱是乙亥年，我生於己卯，與子由同，事也巧合。東坡才氣縱橫，文章豪邁，子由則人甚沉靜，為文淡泊汪洋，好黃老之學，所注《老子解》，推古今傑作。大約老泉發憤讀書，初時奮發踔厲，後則入理見身，漸歸沉靜，顧東坡子由二人，稟賦不同。我生於我父發憤讀書之末年，故我性沉靜，喜讀老子，頗類子由。惜我生於農家，無名師指點，為學不得門徑，以是有愧子由耳。」【1】

厚黑教主的這個「有愧子由」值得注意，因為他的「愧」有點沒有原由，跨歷幾朝幾代的巧合若讓李宗吾感到有愧，也未免過於牽強附會。但是我說值得注意，是因為後世——不識其賢者，以為他是又黑又厚的小人；識其賢者，則以為他是狂妄不可一世的狂生——鮮有識其全者。其實，無論李宗吾抑或其他名人，都不過是普通人而已，一樣有普通人的喜怒哀樂，一樣有普通人的悲欣交集。只不過後世寫傳者，或為傳主塑造光環照人眼目，或為傳主塗抹油彩扮成小丑，把活生生的人變成一個毫無個性的標籤，目的無非只有一個，就是讓人不識傳主廬山真面。視李宗吾又厚又黑是誤讀，視李宗吾佯狂，同樣也是誤讀。因為這個世人眼中佯狂的李宗吾，骨子深處實實在在有一些自卑的成分存在，否則便不會拿跨越千年的古人附會，不瞭解這一點，便不能瞭解厚黑教主「狂」的來處。這一點在後面的第二十二章還會敘及。

一個人的家世會對這個人造成什麼樣的影響，很難確鑿的說清楚。大學者潘光旦曾經專治譜牒，其中應該有道理在。但是從遠祖一直追溯到這本書的傳主李宗吾對於這本書來說顯然毫無意義。所以姑且割棄，但是李宗吾說：「我生在偏僻地方，幼年受的教育極不完全，為學不得門徑，東撞西撞，空勞心力的地方很多很多，而精神上頗受我父的影響，所以我的奇怪思想，淵源於師友者少，淵源於我父者多。」[2]

他的父親，自然不可不說。

李宗吾的父親名李高仁，原來在外學做生意。李宗吾的祖父李樂山去世之後，便從外面回到故鄉務農，與妻子共同操作、終日勤勞，因此家道逐漸富裕，到後來又能購置田產，算得上是小康之家。不料在他四十歲那年，竟因勞成疾，醫生讓他趕緊把家務丟下，安心靜養，「否則非死不可！」李高仁於是把家務完全交給妻子處理，自己則專心養病。在他專心養病期間，才有了大片空閒，也才得以看起書來。李高仁先從《三國演義》、《列國演義》看起，後來又看四書講章。以其子推斷其父，這李高仁也是個好學深思的人，這看來看去，便從書中看到一個「書即世事，世事即書」的道理來。（這個道理到底是李高仁看書得來，還是李宗吾在敘述自己身世時總結出來的不得而知，根據目前的材料所示，應如上所述。）明瞭這一點之後，李高仁其他各種書都不看了，只看三本書：一是《聖諭廣訓》（陳注：康熙時頒《聖諭》十六條，雍正時於每條下加注釋，稱《聖諭廣訓》），頒行天下時後附《朱柏廬治家格言》，二為《劌心要覽》，但是李高仁看的並非全部，而是其中一本，「我查其卷數，是全部中之第三本。中載古人名言，分修身、治家、貽謀、涉世、寬厚、言語、勤儉、風化、息訟九項，我父呼之為格言書」。三為楊椒山參嚴嵩十惡五奸的奏摺，後附遺囑（是楊椒山死前留給兒子的，所寫的都是居家處世之道）。據李宗吾《迂老自述》中說，李高仁在去世的前幾天，還在看這幾種書。李高仁所讀的這些書，大多為處世之道，與之後李宗吾所著的《厚黑學》顯然存在聯繫。不過，李高仁對於兒子的影響顯然不止這些曲折而又隱秘的聯繫，更直接的聯繫隨後在第四章裏還會寫到。

順便說一句，李宗吾雖然出生在四川，但他的祖籍並不在此，其祖上為廣東嘉應州長樂縣，於清代雍正年間遷至四川富順自流井（今屬四川自貢市）。廣東人祖宗觀念及鄉土觀念十分厚重。據說外省人來川，常常被本地人欺凌，所以李家自遷蜀以來。曾經相約：凡廣東姓李的人家，成立一會，叫做「棒棒會」，有人受了欺負，「棒棒會」就一起同那欺負人的去拼命，那種情形，跟若干年前北京的「浙江村」無異。後來因有人說棒棒會是違法的，才改立宗祠。廣州人入川，嫁女娶媳，必須選擇廣東人；

偶然破例娶本地女子入門，也要本地女子學說廣東話。否則便視為出賣祖宗。李宗吾兄弟姐妹九人，都是和廣東人結親。研究李宗吾的人，除了在地源關係上應注意李宗吾出生於四川，也不應該忽視李宗吾在廣東血緣關係上的一脈相承。

注釋

【1】
【2】李宗吾：《迂老自述》，載《李宗吾雜文經典全集》，長春，時代文藝出版社，二〇〇三。

第二章　啟蒙

一八八七年，歲在光緒丙戌，八歲的李宗吾從師讀書。「光緒丙戌，我八歲，從陳老師讀，陳為我家佃戶，是個堪輿先生，一直讀了四年。」[1]四年之後，李宗吾又在一個姓鄧老師的教授之下讀了一年。不過這兩位先生，說是教書，除了教李宗吾死記硬背之外別無所授：「除教背讀外，一無所授」。[2]私塾時代的先生，大抵如此。李宗吾對這兩位先生頗有微詞，看來在他小小的頭腦裏早有獨立思想的因子在躁動。早在一八八五年李宗吾六歲的時候，李宗吾「因受冷得咳病，久不逾，遂成哮喘病，遇冷即發，體最弱，終年不離藥罐」。[3]因此家中的粗活重活，李宗吾從來沒有做過。李高仁閒時就拿他常看的三本書來教他識字。頗有天賦的李宗吾，在入塾之前，已經把那三本書看完了，難怪他不滿意老師的教死書。

一八九一年，歲在辛卯，李高仁聘了一位名為關海洲的私塾先生到家，教李家的幾個孩子讀書。這位姓關的先生雖然是未進學（沒有功名）的童生，但是學問確是不錯。李宗吾跟著這位關先生讀了兩年，開始由破承而至入手學做八股，「試貼詩能做四韻」[4]。李宗吾後來在《迂老自述》中自稱：「關師教書，雖不脫村塾中陳舊法子，但至今思之，我收益之處，約有三點：（一）每日講龍文鞭影典故四個，要緊處，用筆圈出，次日關著書回講，圈者需背得。我因而養成記典故之習慣，看書遇要緊處，即圈出熟讀。（二）每日講千家詩，及四書，命我把槐軒《千家詩注解》、《四書備旨》用墨筆點，點畢送他改正。我第一次把所點的千家詩，送他看，他誇道：『你居然點對了學多，錯誤者很少，你父親得知，不知如何歡喜。』我聽了愈加奮勉，因而養成看書點書之習慣。到了次年，我不待老師講解，自家請父親與我買部《詩經備旨》來點。（三）關師在我父友人羅大老師處，借一部《鳳洲綱鑒》來看，我也拿來看。我平生最喜看史書，其發端即在於此。關師又在別處借一部《三國演義》，我也拿來看，反覆看了幾次，所以我後來發明厚黑學以孫曹劉為證。但所舉者，是陳壽《三國志》材料，非演義中材料。」【5】

關海洲教得好，薪金自然也高，當時他的年薪是五十串，在當時能買十石米，到了民國三十年，同樣的十石米卻需法幣八千又數百元。用時髦的話來說，關海洲也屬「高薪階層」。不過後來李宗吾談起這位先生，感念良多，看來高薪也不是白拿的。李高仁重視教育，由此也見一斑。後來李宗吾出任民國教育職員，格外重視教育並寫下《考試制度之商榷》，可謂是淵源有自。

關海洲循循善誘、因勢利導，可以說是李宗吾學術上的第一次啟蒙。之所以說是學術上而非思想上，是因為在思想上，李宗吾受父親李高仁影響更大，這一點在以後章節還會詳加論述。在李宗吾寫自傳《迂老自述》的那一年，也就是民國三十年（一九四一年）四月，特別著重的指出厚黑學所取材料來自於陳壽《三國志》（正史）而非《三國演義》（小說家言），這一點值得玩味，在這個佯狂表面掩蓋下的厚黑教主的內心世界裏，實在是想做一個嚴謹純正的學者，而非世人眼中荒誕不經的「厚黑教主」。這一點，在以後第二十二章會詳細說到。

在李宗吾幼小的腦子裏面，天生存在了追根溯源、不依傍他人的因素，就連他的啟蒙老師關先生，他也不輕易服輸。這種因素，或者來源於他的父親李高仁，但是到了後來，他連他的父親也要懷疑了，這一點留到第四章講述，這裏只說他和關海洲的一段趣事：

關師有一次出試貼詩，題目我忘了，中有雪字，我第一韻，用有同雲二字，他在同字上，打一大叉，說道：「『彤雲密佈，瑞雪紛紛』（三國演義中語）是這個彤字。」我說道：「我用的是詩經『上天同雲，雨雪零零』」他聽了默然不語。[6]

這種事情，後來時有發生，一八九三（壬辰年終）年，關海洲自動提出解館。也是在那段時期，李宗吾幼年的哮喘病又犯，一讀書嗓子就啞，李高仁索性讓李宗吾輟讀養病。跟隨關海洲讀書的這段時期，可謂是李宗吾早年啟蒙時期。

注釋

【1】【2】【3】【5】【6】李宗吾：《迂老自述》，載《李宗吾雜文經典全集》，長春，時代文藝出版社，二〇〇三。

【4】試貼詩：封建時代科舉取士的考試內容之一。以詩作為考試項目始於唐宋，而真正形成八股形式的事帖詩則始於清代。試貼詩有嚴格的格律、文章結構、破題承題、用典和抬頭規格等要求。要求科考士子按照規定的題目，在規定時間內做出一首五言八韻律詩。必須把題目裏的意思寫到寫足。不能寫得不足，也不能寫得超出。

第三章　私塾時代培養出來的八股專家

經過關海洲對李宗吾的早年啟蒙，李宗吾養成了自己讀書的習慣，在家中終日書不離手。李宗吾這種讀書的習慣，其實也受到了父親的影響。

我自有知識以來，即見我父有暇即看書，不甚做工，惟偶爾扯甘蔗葉，或種葫蘆時蓋灰，做這類工作而已。工人做工，他攜著葉煙桿，或火龍，挾著書，坐在田地邊，時而同工人談天，時而看書，所以我也養成這種習慣，手中整日拿著一本書。每夜我父在堂屋內，同家人聚談，我常把神龕上的清油燈取下來，放在桌上看書，或倚神龕而看。[1]

一八九二年，李宗吾的大哥看到這種情況，就對父親說：「老六在家，活路也不能做，他既然愛看書，不如送進學堂，與老五（當時李宗吾的五哥李世源正在匯柴口茂源井的一個私塾讀書，筆者注）同住，床鋪桌子，也是有的，向老師說明，這是送來養病的，讀不讀，隨他便，以後學錢隨便送點就是了。」當時李家家境還算富裕，李高仁也不在乎這點學費，就把李宗吾送到了學堂。事後李宗吾說起這段事，對他的大哥感念不已：「這算是我生平第一個大關鍵，在大兄不過無意中數語，而對於我的前途，關係很大，否則我將以農人休老矣。」

據李宗吾回憶：學堂大門，每扇貼一斗方紅紙，一扇寫的是「棗花雖小能成實，桑葉雖粗解作絲，惟有牡丹如鬥大，不成一事又空枝。」另一扇寫：「勸君莫惜金縷衣，勸君惜取少年時，花開堪折直須折，莫待無花空折枝。」前者崇實惡虛，後者說的是人生應該抓取機會。李宗吾在多年之後依然能夠記得學堂門上貼的這兩首詩，應該是對他起了不小的影響。

匯柴口茂源井的私塾有三位老師，都姓劉，為一家三輩。祖輩之名已不可考，當時的學生稱之為劉二公；父輩之名為劉應文，號煥章，是個秀才，學生稱之為七老師；子輩之名為劉樹仁，號建侯，也是個秀才，學生稱之為建侯老師。劉二公的文章是小試[2]一派，七老師是墨卷[3]一派，建侯老師善書法，嫻於辭章，論文眼力極高。當時學生的八股文由劉二公和七老師分改，詩賦則由建侯老師批閱。高興時，建侯老師也批改學生的八股文章。背書則是隨便到哪位老師面前都可以。

私塾那種刻板的環境，本來學生是極少自由。但李宗吾本來是送去養病的，得了老師特許，竟有了許多自由，舉個例子，才能說明當時的李宗吾在私塾裏所享有的特權：

> 甲午年，我往羅大老師家，把《鳳洲綱鑒》借來看。同學王天衢見了，也買一部來看，建候老師看見，責之曰：「你怎麼也看此書，李世銓這個娃娃是養病的，才准他看，此等書須入了學，方能看，我若不說，別人知道，還說我是外行。」[4]

這種經歷，對於他後來寫下《考試制度商榷》起了影響。在私塾裏，李宗吾並沒有因為自己有了老師的特許而放棄了用功，他跟那裏的學生一樣用功，一樣做八股文，只是並不背書。在劉家的私塾裏，規定五天作文一次，叫做「課日」。李宗吾對於做文章格外用心：得了題目，坐著想，睡在床上想，睡在板凳上想，必待想好，才肯下筆。寫出的稿子，改了又改，一個題目，往往起兩三次稿，稿子還是改得稀爛，但是老師批閱的結果，李宗吾的文章常常是私塾第一。五哥李世源往往叫他代筆，他就把不要的稿子交給五哥謄寫，仍然是不時受到老師的稱道。

自流井那一帶有個習慣，就是某處有個私塾，家長就在正月二十以後把子女送到私塾讀書，到了二月底或者三月間，老師才把家長請來，請家長根據老師的教學效果議定學費，叫做「議學」。議學時，老師避開，家長們在一起根據自己孩子的學習效果以及期望老師對孩子指導的程度，商量好你出多少、我出多少。然後開列學生姓名以及認定錢數給老師送去。老師看了之後要是沒有意見，學費就算是商量定了。三位劉老師議學時，學生有數十人，家長所出最高額為十二串，是李宗吾的五哥世源。當議到李宗吾時，因為李高仁最初只是想把李宗吾送到私塾來養病，他把情況和眾位家長說明，就隨便寫了幾串。沒想到眾家長把商量好的清單送給老師的時候，老師傳出話來：「全堂中惟有李世銓（李宗吾的原名，筆者注）讀書最好，應該比李世源還要多出些，怎麼才出這點呢？」李高仁對多出這幾串錢也不計較，就把李宗吾的學費也改為十二串。李宗吾覺得老師對他如此重視，精神上受了很大的鼓舞，更是把所有的心思都放在讀書明理上面。

有一次，建侯老師帶領學生到鳳凰壩某家行「三獻禮」（類似於弔唁）。老師同眾學生在茶館吃茶，只有李宗吾一個人在橋頭上徘徊獨步。李宗吾偶然回頭，看到老師和同學正在望著他笑。回到茶館，不知何故的李宗吾悄悄問他的一個同學：「你們方才為何笑我？」那人答道：「老師說你很儒雅，將來一定可以進學。」那時的人們把進學看的是非常重的，清人吳敬梓所撰《儒林外史》中的〈范進中舉〉，雖然道出了科舉對人的戕害，卻也生動地說明瞭進學在那個時代的重要性。當時李宗吾還沒有接觸到革命的思想，聽了這話，嘴上雖是謙虛一番，心裏卻是竊喜。

到了晚上行「三獻禮」時，照例講有關孝道的書，這是四川的風俗。那家的死者是祖母，侯建老師登臺講「孝哉閔子騫」一章，他把閔的孝行說完，跟著即說：「後數百年而有李密者」。他這裏用的是史太公屈賈列傳的筆法。李宗吾在台下聽，當老師講到此處，目注於他作微笑狀，好像在說：「此等文法，眾學生，只有你一個人才懂得。」數十年後李宗吾對於老師的形態依然記得栩栩如生，宛在眼前。看來他當時也是引以自得的事情。

李宗吾在三位劉老師門下讀了兩年，三老師分館，李宗吾又跟隨七老師讀。七老師修改學生文章盡心盡力，經他改過的學生文章，常常通篇只留幾處不改。李宗吾對於老師改的文章，經常不仔細去看，因為他覺得：「老師改的再好，總不如古人的好，與其看你的，不如讀古人的。」如此過了四年，七老師對李宗吾說：「你在我名下讀久了，我也再沒有什麼特殊的心得，可以啟發你，你最好到書院去讀，以便增廣見聞。」於是他在一八九八年由七老師門下轉到自流井三台書院，第二年又從三台書院轉到自流井炳文書院。學的都是做八股文章。李宗吾後來在他的一切著作中常常以詼諧的態度自稱為八股專家，比如他在《迂老隨筆》中說：「道家者流，出於史官；儒家者流，出於司徒之官；厚黑學則出於八股之官。」在後來《華西日報》上發表的《厚黑叢話》中，李宗吾在嬉笑怒罵之間，又把八股文提升到了一個高度，我們來看一下他的妙文：

> 中國的八股，有甚深的歷史，一般文人，涵濡其中，如魚在水，所以今人文字，以鼻嗅之，大都作八股氣，酸溜酸溜的。章太炎文字，韓慕廬一類八股也；嚴又陵文字，管韞山一類八股也；康有為文字，「十八科闈墨」一類八股也；梁啟超文字，「江漢炳靈」一類八股也；鄙人文字，小試場中，截搭題一類八股也；當代文豪，某某諸公，則是《聊齋》上的賈奉雉，得了仙人指點，高中經魁之八股也。「諸君莫笑八股酸，八股越酸越革命。」黃興、蔡松坡，秀才也；吳稚暉、于右任，舉人也；譚延闓、蔡元培，進士翰林也。我所知的同鄉同學，幾個革命專家，廖緒初舉人也；雷鐵厓、張列五、謝慧生，秀才也；曹叔實，則是一個屢試不售的童生。猗歟！盛哉！八股之功用大矣哉！滿清末年，一夥八股先生，起而排滿革命，我甚願今之愛國志士，把西洋八股一火焚之，返而研究中國的八股，才好與我們的仇國日本奮鬥到底。[5]

他還說：

我是害了兩重病的，一曰瘋病，二曰八股病，而我之瘋病，是從八股病生出來的。八股家遇著長題目，頭緒紛繁，抑或合數章為一題，其作法，往往取題中一字，或一句，或一章作主，用以貫穿全題。曾國藩者，八股之雄也，其論作文之法曰：「萬山磅礴，必有主峰，龍袞九章，但挈一領。」斯言也，通於治國，通於厚黑學。[6]

看來他對於生於斯長於斯的私塾，還是十分感念的。他的外表看上去佯狂，他的文字看上去恣肆汪洋，但是其內核，還是儒家的東西。不過他的思想，卻開始獨立了。

一八九八年是個值得注意的年頭，那一年，遠在京城，戊戌變法已經開始，作為戊戌變法唯一的果實，京師大學堂被一幫具有遠見卓識的士子建造起來。雖然在一開始，「從教育制度以及教學內容和方法來看，京師大學堂實質上處於有封建的太學、國子學向近代大學轉變和過渡的階段」。[7]甚至，「嚴格地說，即使到了民國初年，北京大學距真正近代式的大學尚遠。其時，由設置的課程到任職者的行止，傳統科舉制度的遺貌尚深。」[8]但是在旋即不久的一九一六年，蔡元培出掌之後，北大風貌為之一變，一躍而成為百年思想學術交蕩不已的中心和重鎮。這對於地處邊遠之地又處於社會底層的李宗吾，是無法知曉也無法參與其中的。而且，從李宗吾從師的經歷來看，他的老師都是傳統的私塾先生，對於梁啟超在《清代學術概論》中所說的清末種種學術思潮，李宗吾無緣知曉，也無緣介身其中。之後李宗吾始終不能在正統學術界獲得認可，這點原因不可小視。當然，還與李宗吾不肯依傍任何他人、所著《厚黑學》又是亦莊亦諧有關。

注釋

【1】【4】李宗吾：《迂老自述》，載《李宗吾雜文經典全集》，長春，時代文藝出版社，二〇〇三。

【2】小試：清代各府縣儒學生員，俗稱秀才，為科舉制度上最基本的功名，有了秀才資格，才能參加省級的舉人考試（鄉試）。秀才考試又稱小試或童子試，每三年舉行二次。逢辰、戌、丑、未年，稱為歲試，文武童生並考，逢寅、申、巳、亥年，稱為科試，只考文童生。每次的考試，都必須經過縣試、府試、院試（學政）三個階段，考生無論年紀多大，通稱為「童生」，但考試時則分「已冠」（十六歲以上）、「未冠」（十五歲以下）兩個層級出題。

【3】墨卷：隋大業元年，隋煬帝楊廣廢諸州「歲貢」選士制，開創了科舉制，始用考試選拔人才。唐代設秀才、明經、進士等分科取士制。為防止考官徇私舞弊，起初「乃令試卷皆糊姓名，使試官以文定等第」。後來，又規定對鄉、會試卷考生用墨筆書寫叫墨卷，然後再由專門謄錄的人用朱筆謄寫，不書姓名，只編號碼，使閱卷者不能認識筆跡，謂之朱卷。另外考中的人，把取中的文章刻印送人，也叫「朱卷」。

【5】【6】李宗吾：《厚黑叢話》，載成都《華西日報》，民國二十五年三月四月。

【7】蕭超然等編著《北京大學校史一八九八—一九四八》，北京，北京大學出版社，一九八八。

【8】陳萬雄：《五四新文化的流源》，北京，生活·讀書·新知三聯書店，一九九七。

第四章　思想上的淵源

在第一章中我曾經說，李高仁對於兒子的影響顯然不止那些曲折而又隱秘的聯繫。這一章主要說李高仁在思想上對於李宗吾直接的影響。

在李宗吾的《迂老自述》裏，有幾段說到父親對於他的影響，摘抄如下：

> 我從師作八股文，父親命我拿與他看，他看了說道：「你們開腔即說：恨不生逢堯舜禹湯之世，那個時候，有甚麼好？堯有九年之水患，湯有七年之旱災（二語出《幼學瓊林》，是蒙塾讀本），我們農家，如果幾個月不下雨，或幾個月不晴，就喊不得了，何況九年七年之久！我方深幸未生堯舜禹湯之世，你們怎麼朝朝日日的希望？」我聽了很詫異，心想：「父親怎麼發此怪議論？」細想：他的話也有道理，我把這個疑團，存諸胸中，久而久之，忽然想道：「我們所謂聖人者是堯舜禹湯文武周公孔子諸人，何以盡都是開國之君，只有孔子一人是平民？又何以三代上有許多聖人，孔子而後，不再出一個聖人？」由此推尋下去，方知聖人之構成，有種種黑幕。因此著了一篇：〈我對聖人之懷疑〉，才把疑團打破，惜其時我父已死，未能向他請問。[1]

這是李宗吾繼承父親思想的結果。

我父常說：「書即世事，世事即書」把書與世事，兩相印證，何以書上說的：「有德者昌，無德者亡。」徵諸實事，完全相反？懷疑莫釋，就成了發明《厚黑學》得根苗。[2]

這是李宗吾懷疑父親思想的結果。

我父一日問我道：「孟子說：『今人乍見孺子將入於井，皆有怵惕惻隱之心，』這是孺子入井，我站在旁邊，才是這樣，假令我與孺子，同時入井，我當如何？」我聽了，茫然不能答，他解釋道：「此時應先救自己，第二步，才來救孺子。」我聽了很詫異，心想：「我父怎麼莫得惻隱心，純是為己之私？這是由於鄉下人書讀少了，才發出這種議論，如果說出去，豈不為識者所笑？」但當面不敢駁他，退後思之，我父的話，也很有道理，苦思不得其解。民國九年我從成都辭職歸家，閉門讀了一年的書，把這個問題，重新研究，才知孟子之書，上文明明是「怵惕惻隱」四字，下文「無惻隱之心非人也」，「惻隱之心，仁之端也。」平空把怵惕二字摘去，這就是一種破綻。蓋怵惕者，我畏死也，惻隱者，怕人之死也。乍見孺子將入井，非我將死，立把我身擴大為孺子，怵惕擴大為惻隱，此乃人類天性也。孟子教人，把此心再擴大，以至於四海，立論未嘗不是，只是著書時，為行文簡潔起見，未將怵惕二字加以解釋，少說了一句：「惻隱是從怵惕擴充出來的。」宋儒讀書欠理會，忘卻惻隱上面，還有怵惕二字，創出的學說，就迂謬百出了。我父的議論，是從怵惕二字發出來的，在學理上很有根據，我著《心理與力學》把此種議論記載上去，張君默生來信說：「怵惕惻隱一釋，為千古發明。」殊不知此種議論，是淵源於我父。[3]

這是李宗吾解釋父親的結果。

李宗吾寫《迂老自敘》時，已經是民國三十年（一九四一年），那時他早已經不宗別人宗自己了，所以到了那時，就連在思想上給了他影響的父親，他也開始懷疑了：

我父上街，常同會溪橋羅大老師維楨，羅家壩謝老師文甫在匯柴口吃茶，他二人俱在教私塾，上面堯舜禹湯的問題，和孺子入井的問題，未知是我父發明的，抑或是同羅、謝研究出來的。[4]

筆者在第一章中懷疑「書即世事，世事即書」這個道理到底是李高仁看書得來，還是李宗吾在敘述自己身世時總結出來，其原因就在於此。不過弔詭的是，李宗吾這種懷疑的思想，也是源於他的父親李高仁，除了上面的堯舜禹湯之辯，還有另外事情可以佐證：

永枋公生五子，長子青山，父子俱死，惟其妻尚在，住糖房灣老屋，次子樂山，即我祖……第五子韞山。某年青山之妻死，其孫世興等，邀族人至家，人到齊，世興等三兄弟，披麻戴孝，點燭祀神畢，把棺材打開，大呼：「阿婆呀！你要大顯威靈呀！」把堂叔學山抓著，橫拖倒拽，朝街上走，我父不知是何事，跟著追去，彼時年已五十餘矣，又值冬天，穿著皮袍子，雞婆鞋，跑又跑不得，急喊：「過路的，與我擋住！」問之才（知）是學山欠錢不付，無錢辦喪，拖往張家沱滾水，否則赴自井分縣喊冤。我父問明所欠若干，即說：「此款由我墊出，喪事辦畢再說。」世興等此舉，全是韞山公主張，我父不知。一日同韞山公在匯柴口吃茶，談及此事，我父說：「世興等對於叔祖，敢於這樣侮辱，真是逆倫。」韞山公厲聲曰：「怎麼是逆倫？學山欠嫂子之錢不付，世興等開棺大呼『阿婆』，是替死者索帳，這是嫂子向他要錢，不是侄孫向他要錢，湯放桀，武王伐紂，孟子都不認為臣弒君，世興怎麼是逆倫？」我父說道：「麼叔，這章書，不是這樣講的，孟子雖然這樣說，但仍朱子注這章書曾說：『必要有桀紂之暴，又要有湯武之仁，才不算臣弒君。』所謂『有伊尹之志則可，無伊尹之志則篡也。』學山無桀紂之暴，世興等無湯武之仁，怎麼不是逆倫？」韞山公是飽學先生，被我父問得啞口無言，站起來，給我父兩耳光，說道：「胡說！」我父常對我說：「偏偏這章書，我是下細看過，道理我也下細想過，所以麼公被我問窮了。」【5】

李高仁大概沒有想到，他這種敢於質疑一切人的秉性在他的兒子李宗吾身上得到了一脈相傳。李高仁畢竟是鄉野中人，所能辯駁質疑的不過是韞山公這樣在鄉裏之間的飽學先生。李宗吾走得則要更遠，到了後來，他不但敢於質疑自己的父親，而且推而廣之，懷疑起古往今來的聖人了。他的《厚黑學》和《我對於聖人之懷疑》則是這樣懷疑的結果。但是如果據此說李宗吾的思想完全來自於其父，則未免誇大了李高仁的作用，李宗吾後來的一切思想，跟他在炳文書院以及四川高等學堂遇到一批早年即投身革命的同學關聯莫大，同時也跟當時思想史的變遷存在一種隱秘而又曲折的聯繫。然而，李高仁言傳身教的潛移默化作用，也不可小視。同時，李宗吾成長於鄉野之間，根植於鄉野之間的民間文化心理也對李宗吾起了不小的影響。【6】

注釋

【1】【2】【3】【4】【5】李宗吾：《迂老自述》，載《李宗吾雜文經典全集》，長春，時代文藝出版社，二〇〇三。

【6】在《迂老自述》中，李宗吾曾經提到鄰居家的一幅對聯對他產生過影響，那幅對聯云：觀書當自出見解，處世要善體人情。

第五章　李宗吾的早期交往

在私塾時代，農家子弟若要出人頭地，大概只有讀書走科舉之路，但是時代並沒有給李宗吾這樣的機會。如果歷史可以假設，我們可以假想：李宗吾循規蹈矩地沿著科舉之路走下去會是什麼樣的一個人？結果恐怕並不好說，從李宗吾自身的因素來看，他的身上蘊含了太多離經叛道的因數。在北京城上演轟轟烈烈的「戊戌變法」之時，李宗吾還在偏遠之地的自流井三台書院無從知曉，不過在第二年他進入炳文書院之後，維新思想已經風行天下，歐風西雨已經開始在神州大地上發生影響了。炳文書院雖然依舊是傳統的書院，但是書院的門牆卻擋不住思想的傳播。在這段時期李宗吾究竟受了多少大時代思潮的洗禮，我們不得而知，不過在他後來刊行的《心理與力學》中，我們可以看到他所受到的明顯影響：心理、力學這樣的新名詞姑且不說，單說文中引用達爾文、克魯泡特金之輩的思想，則絕對是歐風西雨進入中土之後的結果。

不過在炳文書院以及稍後的四川高等學堂，給了李宗吾最直接的影響的，還那些與他朝夕相處的士子和同學。當時大清王朝已是末世，李宗吾的同學當中當時已經有不少人在思想中潛伏了革命的種子，從為數不多的文獻當中，我們現今可以知道的有雷鐵厓、雷民心兄弟，廖緒初、張易吾、謝偉虎、李小亭、張列五、王簡恆、謝綬青、楊澤溥等人。李宗吾發表厚黑學後，世人不識李宗吾真實面目，誤以為其人也如其文一般又「黑」又「厚」。但是從李宗吾這些相互期許的朋友身上，我們可以推測李宗吾的為人。

在李宗吾生前，曾經撰文寫過廖緒初、王簡恆、謝綬青、楊澤溥等人，在此不說（見附錄）。對於其他人，我們可以在張默生撰寫的《厚黑教主李宗吾傳》中，找到一些痕跡，摘抄如下：

鐵厓後留學日本，同屏山鄧亞琛等，在東京辦鵑聲報，時在民報上發表文字，又同張荔丹入南社做詩人，更在南洋光華等報社任主筆，極力鼓吹革命，頗得華僑信仰。後來因不滿意於革命同志所為，就跑到西湖白雲庵去做和尚，曾屢為宗吾來信，附有許多詩篇，滿腔悲憤，痛不可遏；他要求宗吾和他的詩，宗吾是不喜歡作詩的，但也勉強和了他數首，其中有用杜工部昭君詠原韻的一首，云：

「空街斜月鎖柴門，老屋荒煙繞半村。
四野雞聲孤劍嘯，中宵蝶夢一燈昏。
秦庭笑灑荊軻血，蜀國哀啼望帝魂。
青史有名甘白刃，流芳遺臭且無論。」

旋得他覆信，對於末二句，大發議論，歷敘在西湖的狀況，又言患病，極盡潦倒抑鬱之苦，信中有云：「……循錢塘江……至岳王墳……見古柏南枝，則又長籲而返。……病中窮鬼，視錢如命，何來宵小，竊我青蚨！……古佛無言，寂坐上方，吹燈就枕，夢我黃粱。」此時他已經入瘋狂狀態了。一次川籍留日學生歸國，同鄉餞別，正在歡呼痛飲時，他忽然放聲大哭，向眾人叩頭道：「請諸君不要這樣高興，現在國勢……希望……」又泣不成語，鬧得眾人不歡而散。辛亥革命成功，南京開會追悼黃花崗烈士，他又作詩，中有句云：「高牙大纛將軍墓，荒草斜陽烈士墳！」終以瘋狂而死。死前，曾至自井故鄉，手中抱一酒瓶，且走且飲，見舊日熟人即問：「你做不做官？哈哈哈！」其狂態可以想見。死後，南京政府因他以文字鼓吹革命，其功甚大，正議從厚撫卹；不意某君起而反對說：「他跑到西湖做和尚，這就叫做不革命！」因此，僅得卹金三千元，為其子女學費了事。宗吾說：「此君想即是高牙大纛的將軍了。」[1]

張默生撰寫的《厚黑教主傳》，很多材料來自於李宗吾的口述，上面所引從口吻推測，當是李宗吾口述後經張默生整理的。這可以在隨後所引的關於其他人物的描述加以對照。值得注意的是，李宗吾單單挑出雷鐵厓的這一段軼事，其中包含了他對辛亥革命的看法。這段史料，研究辛亥革命的學者少有徵引，是因為歷史從來都要經過意識形態的修飾，難以留下真實的痕跡。不過這離這本小書的主題相離太遠，在此不加展開。

張易吾也是自流井人，惟他的事蹟不詳，但知他後為山東高等審判廳廳長，即在廳長任內，以勾通革命的罪名，為張宗昌所殺。當審訊時，易吾一語不發，兩手被打得血肉模糊，仍是若無其事；臨刑時，從容就義，面無改色。所以當主事的人，無不眾口一詞的說：「真是一條好漢！」

謝偉虎，榮昌人，後來一面教書，一面奔走革命，時常化名，出沒無定。於光緒三十年被捕，解往敘府，發交宜賓縣審問。縣知事趙國泰是翰林出身，品學兼優，很想為偉虎開脫，審問時屢次暗示他，說道：「你的事，大約是那樣吧？……」他回答道：「不是，是這樣的……」直供不諱，卒定斬罪。趙知事臨斬回來，走進二堂，把頂帽取下去了，很憤慨的說：「這種人才，都拿來問斬，國家還幹什麼，這個官我不做了！」

李小亭，宜賓人，與宗吾為同榜秀才，後追隨國父奔走革命，聯俄容共，曾參預機要。[2]

雷鐵厓、張易吾、謝偉虎、李小亭都是李宗吾在炳文書院時代的同學。李宗吾在那段時期的事蹟已無法可考，但是從這些人比較模糊的事蹟當中，我們依稀可以想像炳文書院時代的李宗吾是如何和這些朋伴相互期許的。在他所撰寫的其他友人的小傳中，我們也可以推想處在革命大時代洪流中的李宗吾一步步從懷有經邦濟世理想的青年走向厚黑教主的歷程。另外有一點值得注意，李宗吾為他的友人們寫下小傳這件事情，顯示了李宗吾在內心深處掩藏的歷史情懷和情結：在他的內心深處，也許在期許能有人為他做一些這方面的工作，作為思想家，他絕對不願意做思想史上的失蹤者。但是無奈得是他不在正統學界，他的思想無法通過弟子的傳承而留世。

注釋

【1】【2】張默生：《厚黑教主李宗吾傳》北京，團結出版社，一九九五。

第六章　思想獨立：不宗聖人宗自己

在炳文書院時代，李宗吾與同學朝夕磨礪，雖然已經出現思想上獨立的萌芽，不過處於轉朝換代之際，人的思想終究還是會被當時的環境以及現實羈絆，特立獨行的李宗吾在這方面也不能免俗。不過考慮到大名鼎鼎的陳獨秀也曾經是讀四書五經前清秀才，李宗吾的選擇也在情理之中。光緒二十七年（一九〇〇年），李宗吾考取秀才，第二年赴四川補行恩正兩科鄉試。八股時代的秀才，這幾乎成了李宗吾一生的底色。《厚黑學》的最初面目，就是八股文章。後來李宗吾以《厚黑學》得享大名之後，在成都的《華西日報》發表《厚黑叢話》，還是說及《厚黑學》源於八股，在他貌似調侃的語言中，我們不知道李宗吾到底是何樣的心境。[1]改朝換代之際，雖然會有一些先知先覺的士大夫知識者具有新的思想、觀念、議論和主張，不過這些思想及主張也僅僅停留在理智認識水準，也遠遠沒有構成真正的心態變化。這一觀點，李澤厚曾經在《中國現代思想史論》中提出，李澤厚在那篇文章中接著說：「儘管這批第一代中國近現代知識份子在政治上、思想上接受了西方的自由、民主和個人主義，但他們的心態並不是西方近現代的個體主義，而仍然是自屈原開始的中國傳統的繼承，在中國這一代近現代意義的知識份子身上所體現的，倒正是士大夫傳統光芒的最後照耀。」[2]說李宗吾是中國最後一代的士大夫也許並不確切，但是李宗吾的心態卻無疑是屬於中國最後的士大夫。只不過深處偏遠的李宗吾一直沒有機會進入到那個階層罷了。然而，按照上個世紀知識份子的代際劃分，說李宗吾是中國二十世紀繼康、梁第一代知識份子之後第二代知識份子（陳獨秀胡適等人）之前重要的一員，應該不算過分，所以，用李澤厚的說法去體察李宗吾的心境，倒不乏為一把有效的鑰匙。李宗吾之所以不見於後世學者的筆端而成為思想史上的失踪者，前面已有論及，不再多說。應該注意的是，李宗吾在上個世紀第二代知識份子中是與別人迥然不同的一位，如果按照另一種眼光，從李宗吾作為開端，甚至可以寫出另一種思想史。

如果說在炳文書院李宗吾還僅僅出現思想獨立的萌芽，那麼到了四川高等學堂，李宗吾獨立的思想意識已經開始衝破當時思想的藩籬，開始起飛了。在李宗吾考取秀才的第三年，光緒二十九年（一九〇二年），李宗吾和雷民心一起考取了四川高等學堂，因為該校總理胡雨嵐去日本考察，學校推遲了一年開辦。及至光緒二十九年冬（一九〇二年十一月），高等學堂開辦，李宗吾才到了四川高等學堂赴學。

李宗吾在四川高等學堂一共學習了四年，對於初入學的情況，張默生在《厚黑教主李宗吾傳》中這樣敘述：

校中設甲乙丙班，三年畢業，附設速成師範一班，一年半畢業。優級理課師範一班，四年畢業，宗吾就是入這一班。這一班是由中西算學館的學生，及其他曾經學過算學者加以考試編成的，共選取三十二名。宗吾雖取入是班，其實他並未從師範學過算學。在家庭中，他曾學過「七盤青」「斤求兩」之類；從劉七老師讀書時代，他曾買了一部中國舊式算學書，其中有九章演算法及開方等，他也逐一研究過。但都是珠算，而非筆算。在炳文書院時代，才買了一部筆算書，叫做數學啟發，自行研究，全部都已了然。他在鄉間同雷氏兄弟等共同讀書時，又買了一部中西算學大成，及其他講代數的書來研究，這是未入學堂以前自修的情形。那時懂得算學的人很少，凡是理科師範班者，眾人皆刮目相待。他附省鄉試時，見中西算學館的學生，把代數備旨和代形合參中，有問題而無答案的，解釋出來，刊印發賣，心中非常羨慕。及入高等學堂，竟得與這些人同班，真是無限的高興。[3]

李宗吾在高等學堂受到的這些西方科學教育，對他後來的厚黑學無疑起了影響，這種影響，與其說思想性的，毋寧說是學理性的。這些數學上的訓練，對於邏輯的培養無疑具有直接的作用，之後李宗吾撰寫《厚黑學》，雖然有繁亂拖遝之處，但是邏輯始終清楚，與這段教育當不無關係。

不過，李宗吾在四川高等學堂受到最重要的影響並非這些數理邏輯，而是思想獨立的理念。說起來還是一段有意思的故事。李宗吾在民國二十四年成都的《華西日報》開設的《厚黑叢話》中曾有提及，語言雖然繁亂，但頗能顯示當時的情景，抄之如下：

及入高等學堂，第一次上講堂，日本教習池永先生演說道：「操學問，全靠自己，不能靠教師。教育二字，在英文為Education，照字義是『引出』之意。世間一切學問，俱是我腦中所固有，教師不過『引之使出』而已，並不是拿一種學問來，按入學生腦筋內。如果學問是教師給與學生的，則是等於此桶水傾入彼桶，只有越傾越少的，學生只有不如先生的。而學生每每有勝過先生者，即是由於學問是各人腦中的固有的原故。腦如一個囊，中貯許多物，教師把囊口打開，學生自己伸手去取就是了。」他這種演說，恰與宗吾二字冥合，於我印象很深，覺得這種說法，比朱子所說「學之為言效也」精深得多。後來我學英文，把字根一查，果然不錯。池永先生這個演說，於我發明厚黑學有很大的影響。我近來讀報章，看見日本二字就刺眼，凡是日本人的名字，都覺得討厭，獨有池永先生，我始終是敬佩的。他那種和藹可親的樣子，至今還常在我腦中。我在學堂時，把教習口授的寫在一個副本上，書面大書「固囊」二字。許多同學不解，問我是何意義？我說：並無意義，是隨便寫的。這固囊二字，我自己不說明，恐怕後來的考古家，考過一百年，也考不出來。」固囊者，腦是一個囊，副本上所寫，皆囊中固有之物也。」題此二字，聊當座右銘。[4]

這段故事，對於李宗吾之後發明厚黑學有很大影響，這是後話。在這裏我要接著說的是，在四川高等學堂李宗吾已經開始樹起思想獨立的旗幟了。這種思想獨立比起始終身處學界中心的二十世紀前三代知識份子尤為難能可貴之處在於：當知識界相當多的人都在談「獨立性」，都在號稱「獨立思考」，以至「獨立」已經成為一個流行詞、口頭禪的時候，「獨立」已經異化，已經恰恰成為隨俗。真正的獨立又一個簡單標誌，就是你周圍的人不贊同你，包括你的導師、學生。而現今主張獨立的知識份子卻在精神上極度依賴那個主張獨立的不小的圈子。對於這一點保持一定程度的懷疑與自省，才能做到真正的獨立。[5]客觀地說，李宗吾未必不想躋身於當時那個小圈子，但是歷史沒有給他機會，這反而造就了徹底獨立的李宗吾。他把自己原來的名字改為李宗吾，便是此意。

關於改名，李宗吾在《厚黑叢話》中這樣敘述道：

我本來是孔子信徒，小的時候，父親與我命的名，我嫌它不好，見《禮記》上孔子說：「儒有今人與居，古人與稽，今世行之，後世以為楷。」就自己改名世楷，字宗儒表示信從孔子之意。光緒癸卯年冬，四川高等學堂開堂，我從自流井赴成都，與友人雷鏧皆同路，每日步行百里，途中無事，縱談時局，並尋些經史來討論。鏧皆有他的感想，就改字鐵厓。我覺得儒教不能滿我之意，心想與其宗孔子，不如宗我自己，因改字宗吾。這宗吾二字，是我思想獨立之旗幟。今年歲在乙亥，不覺已整整的三十二年了。自從改字宗吾後，讀一切經史，覺得破綻百出，是為發明厚黑學之起點。[6]

對於宗吾這兩個字，李宗吾解釋說：

我主張思想獨立，揭出宗吾二字，以為標幟，一切道理，經我心考慮而過。認為對的即說出，不管人曾否說過。如果自己已經認為是對的了，因古人曾經說過，我就別創異說，求逃出古人範圍。則是：非對古人立異，乃是對我自己立異，是為以吾叛吾，不得謂之宗吾。孔子也、荀子也、告子也、老子也、釋迦也，甚至村言俗語，與夫其他等等也，合一爐而冶之，無畛域，無門戶，一一以我心衡之，是謂宗吾。[7]

隨後他進一步解釋說：

宗吾者，主見之謂也。我見為是者則是之，我見為非者則非之。前日之我以為是，今日之我以為非，則以今日之我為主。如或回護前日之我，則今日之我，為前日之我之奴，是曰奴見，非主見，仍不得謂之宗吾。[8]

李宗吾改名時正在四川高等學堂學習，這也正好說明瞭來自西風歐雨的教育，使當時的知識份子衝出了傳統的樊籬，敢於打破前人之言，從古代聖賢之言的桎梏中得以解脫出來。從這個意義上來說，也正是來自西風歐雨的教育，或多或少地賦予了李宗吾思想獨立的因子，在李宗吾的思想發展歷程中，這段在新式學堂接受教育的經歷，其作用無疑是一劑催發李宗吾思想獨立的催化劑。

注釋

【1】李宗吾在民國二十四年九月於成都《華西日報》上發表的《厚黑叢話》中說：拙著《宗吾臆談》，流傳至北平，去歲有人把《厚黑學》抽出翻印，向舍侄徵求同意，並說道：「你家伯父是八股出身，而今凡事都該歐化，他老人家那套筆墨，是在來不得。等我們與他改過，意思不變更他的，只改為新式筆法就是了。」我聞之，立發航信說道：「孔子手著的《春秋》，旁人可改一字嗎？他們只知道我筆墨像八股，殊不知我那部《厚黑學》，思想之途徑，內容之組織，完全是八股的方式，特非老於八股者看不出來。宋朝一代講理學，出了文天祥、陸秀夫諸人來結局，一般人都說為理學生色。明清兩代以八股取士，出了個厚黑教主來結局，可為八股生色。我的厚黑哲理，完全從八股中出來，算是真正的國粹。我還希望保存國粹的先生」），由厚黑學而上溯八股，僅僅筆墨上帶點八股氣，你們都容不過嗎？要翻印，就要照原文一字不改，否則不必翻印。」哪知後來書印出來，還是與我改了些。特此聲明，北平出版的《厚黑學》是贗本，以免貽誤後學。）

【2】李澤厚：〈二十世紀中國（大陸）文藝一瞥〉，載李澤厚《中國現代思想史論》，天津，天津社會科學出版社，二〇〇三。

【3】張默生：《厚黑教主李宗吾傳》，北京，團結出版社，一九九五。

【4】【6】李宗吾：《厚黑叢話》，載成都《華西日報》，民國二十四年九月一日至九月三十日。

【5】參見孔慶東〈獨立性：堅持與懷疑〉，載《方法》雜誌，一九九九年第二期。

【7】【8】李宗吾：《厚黑叢話》，載成都《華西日報》，民國二十四年十一月十二月。

第二部

厚黑教主的厚黑思想

第七章　發表厚黑學　自稱厚黑教主

自從李宗吾在四川高等學堂聽日本教習池永的演講之後，無論老師再講什麼東西，他都採用「引而出之」的方法，但是這種方法，用之於社會科學問題不大，用之自然科學，在當時歐風細雨進入之初，國人頭腦沒有什麼科學概念，也沒有科學實驗手段的條件下無疑於緣木求魚。張默生在《厚黑教主李宗吾傳》中這樣寫道：「哪知他這樣去工作，真等於王陽明格竹子，幹了許久，毫無所得。」

確信自己一生與科學無緣之後，毫無所得的李宗吾最終放棄了「格物致知」，轉向了中國傳統文化。於是在四川高等學校的最後兩年，李宗吾把大部分時間都用在了閱讀中國傳統學術思想的有關書籍上面。李宗吾認為，很多的學科都是可以自修而通，按著鐘點上課的制度，實在無聊。有了這樣的經歷，埋下了他後來在《教育制之商榷》中想要改革學制的思路，不過，《教育制度商榷》中的思路，更直接的來源應該是李宗吾置身教育之後通過考察得來的經驗，這一點會在稍後的章節中專門敘述。自從李宗吾把名字從李宗儒改為宗吾，決心揭起思想獨立的大旗，他腦子中已經開始有了厚黑思想。後兩年的閱讀，不過是在學理上進一步的完善。不過，那段時期，「厚黑」兩字雖然在李宗吾頭腦中醞釀，但是也僅僅是呼之欲出而未出。

李宗吾當時的同學中，不少人都參與了同盟會，其中張列五更是四川同盟會的領袖。在高等學堂時期，李宗吾曾經和同學十數人創辦了敘屬中學（李宗吾參與創辦敘屬中學的經歷詳見第十二章），實際上就是四川省的革命機關，當時的秘密文件，都是在敘屬中學油印發佈。李宗吾那時腦子裏既然已經開始醞釀厚黑思想，就常常和張列五一起討論辦事（即革命）究竟能不能用權術。在張默生的《厚黑教主李宗吾傳》中對此曾經有過描述：

列五說：「辦事應從正當的路做去，萬一正路走不通，也可參用權術，但有一定的界限。」宗吾問：「什麼界限？」列五說：「事過之後，公開出來，眾人都能見諒，甚或受了權術的人，也能相諒，這樣的權術，就可以用；如果公開不得，寧肯失敗，不可妄用。」[1]

張列五也看出李宗吾有些本事，就對他說：「君才智過人，實余之左右手，一旦革命軍起，預定要你帶一支子弟兵。從今起，你要先做好思想準備……」[2]李宗吾聽了，更是用心鑽研起做英雄豪傑的訣竅來。自改名宗吾以來，李宗吾的腦中便播下了一粒厚黑學的種子，這番談話，無疑是厚黑學產生的又一付催化劑。不過厚黑學從孕育到萌芽，中間還間隔了幾年的時間。

光緒三十三年（一九〇七年）年底，李宗吾在高等學堂以最優等畢業，即將沒落的大清朝廷還獎了他一名舉人。光緒三十四年（一九〇八年）及宣統元年（一九〇九年），李宗吾在富順中學作教習。二年及三年，改任富順中學的監督（即校長）。不經然的一件小事，終於把李宗吾頭腦中的厚黑學引發了出來。當時李宗吾的寢室在一幢三開間的右端，左端為該校的教務主任，姓張。兩壁都是竹笆夾糊的，所以並不隔音。一日夜裏，不知道張教務主任有什麼心事，時至半夜張室中還不時有長呼短歎之聲，李宗吾心中疑惑，又不好多問，只好在旁邊的屋子躺著等待那位張教務主任平息下來。最後終於聽到張拍案大呼一聲：「當今之世，非臉皮厚，心子黑不可！」[3]大呼過後，張平息下來，這次難以入睡的卻變成了李宗吾。張無意中一句氣憤地話，竟然點出了李宗吾心中孕育幾年而未得的厚黑學。李宗吾把三國中的曹操、劉備、孫權諸人拿來驗證，不禁捶床而起：「得之矣！得之矣！古之所謂英雄豪傑，不外面厚心黑而已！」這厚黑兩字一經觸發出來，李宗吾觸類旁通，再拿二十四史來一一驗證，竟然也可以一以貫之。李宗吾後來在《厚黑從話》中描述當時的心情：「那一夜，我終夜不寐，心中非常愉快，儼然像王陽明在龍場驛大徹大悟，發明格物致知之理一樣。」[4]

李宗吾發明厚黑學之後，並沒有完全的自信，當時他的同學中以王簡恆辦事才能最高，被雷民心譽為「大辦事家」。李宗吾就拿自己發明的厚黑學和王探討。王簡恆聽後勸告李宗吾說：「李宗吾，你說的道理，一點不錯。但我要忠告你，這些話，切不可拿在口頭說，更不可見諸文字。你儘管照你發明的道理埋頭做去，包你幹許多事，成一個偉大人物。你如果在口頭或文字上發表了，不但終身一事無成，反有種種不利。」雷民心也說這種道理是「做得說不得」。於是李宗吾就按下了發表的想法。

辛亥革命中，重慶、成都紛紛獨立，各自成立軍政府，後又實行合併。一九一一年十一月二十二日，同盟會重慶支部通電全國，宣佈重慶獨立，成立蜀軍政府。年底，蜀軍政府同意成都同盟會員提出的成渝合併建議。一九一二年，蜀軍政府就四川軍政府來電提出的五項統一條件覆電成都方面，表示贊同四川統一。一月中旬開始，雙邊就兩個軍政府合併問題談判。一月二十七日簽署合併草約，確定成都為全省政治中心，在重慶設立軍事重鎮——重慶鎮撫府，領兵一鎮，直隸全省軍政府，由重慶蜀軍政府具體組織。二月二日，《成都四川軍政府、重慶蜀軍政府協議合併草約》正式生效。二月十二日，重慶蜀軍政府都督張培爵離開重慶前往成都，途中主動推舉四川軍政府尹昌衡為四川正都督，自己居副都督之職位。三月十一日，中華民國四川都督府正式成立，尹昌衡為都督，張培爵副都督，夏之時任重慶鎮撫府總長。四川宣告統一。這段史實，便是李宗吾在厚黑學叢話中說到的「辛亥十月，張列五在重慶獨立，任蜀軍政府都督，成渝合併，任四川副都督，嗣改民政部長。」其中的張培爵就是李宗吾說到的張列五，那些老革命党對於李宗吾影響到底有多麼大，在沒有發現具體的材料之前，現在還不好說，不過李宗吾和早期革命黨員的交往是值得注意的，以張列五、雷鐵厓等人為主的革命黨團體，無疑對李宗吾產生了直接的影響。

張列五在出任民政部長之後，在四川設了一個審計院，最初擬任廖緒初為院長，廖緒初堅辭不就，於是改任他人而以廖緒初為次長。李宗吾則為第三科科長。

就任科長之前，李宗吾到了成都，和一幫昔日同學都住在成都《公論日報》報社裏面。眾人都知道李宗吾發明了一種厚黑學，此時便慫恿他把厚黑學形成文字。當時被稱為「廖大聖人」的廖緒初和他說：「如果你寫出來我還可以為你做一篇序」。當時民國初成，一九一一年的辛亥革命掃蕩了中華帝國可見的政治結構，但是並沒有在實質上觸動幾千年來中華帝國賴以建立的不可見的基礎。雖然如此，畢竟是有了新的氣象，李宗吾也覺得，「事事革新，應該有一種新學說出現」。[5]於是李宗吾開始逐日寫去，《厚黑學》終於成文了。不過最初的厚黑學並不像後來流傳的各種版本，也沒有所謂的厚黑經和厚黑傳習錄，而是一篇文言文體的文章，其中不少句式都是套用的儒家經典的句式，由此也可看出李宗吾在接受新文化的同時，傳統文化的基因沒有完全消除殆盡。這篇文言文體在李宗吾所有文章為唯一一篇，以後的各種厚黑學著作以及一九四九年之後坊間各種粗製濫造的厚黑學，均以此為藍本，茲抄錄如下：

> 吾自讀書識字以來，見古之享大名膺厚實者，心竊異之。欲究其致此之由，渺不可得：求之六經群史，茫然也；求之諸子百家，茫然也；以為古人必有不傳之秘，特吾人賦性愚魯，莫之能識耳。窮索冥搜，忘寢與食，如是者有年。偶閱三國志，而始恍然大悟曰：得之矣，得之矣，古之成大事者，不外面厚心黑而已！三國英雄，曹操其首也，曹逼天子，弒皇后，糧罄而殺主者，晝寢而殺幸姬，其他如呂伯奢、孔融、楊修、董承、傅完輩，無不一一屠戮，寧我負人，毋人負我，其心之黑亦云至矣。次於操者為劉備，備依曹操、依呂布、依袁紹、依劉表、依孫權，東竄西走，寄人籬下，恬不知恥，而稗史所記生平善哭之狀，尚不計焉，其面之厚亦云至矣。又次則為孫權，權殺關羽，其心黑矣，而旋即講和，權臣曹丕，其面厚矣，而旋即與絕，則優有未盡黑未盡厚者在也。總而言之，曹之心至黑，備之面至厚，權之面與心不厚不黑，亦厚亦黑。故曹操深於黑學者也；劉備深於厚學者也；孫權與厚黑二者，或出焉，或入焉，黑不

如操，而厚亦不如備。之三子，皆英雄也，各出所學，爭為雄長，天下於是乎三分。迨後，三子相繼而歿，司馬氏父子乘時崛起，奄有眾長，巾幗之遺而能受之，孤兒寡母而忍欺之，蓋受曹劉諸人孕育陶鑄，而集其大成者，三分之天下，雖欲不混一於司馬氏不得也。諸葛武侯天下奇才，率師北伐，志決身殲，卒不能興復漢室，還於舊都，王佐之才，固非厚黑名家之敵哉！吾於是返而求之群籍，則向所疑者，無不渙然冰釋。即以漢初言之，項羽喑啞叱吒，千人皆廢，身死東城，為天下笑，亦由面不厚，心不黑，自速其亡，非有他也。鴻門之宴，從范增計，不過舉手之勞，而太祖高皇帝之稱，羽已安坐而享之矣；而乃徘徊不決，俾沛公乘間逸去。垓下之敗，亭長艤船以待，羽則曰：籍與八千江東弟子渡江而西，今無一人還，縱江東父兄憐而王我，我何面目見之？總彼不言，籍獨不愧乎於心乎？噫，羽誤矣！人心不同，人面亦異，不一審他人所操之術，而曰此天亡我，非占之罪也，其不謬哉？沛公之黑，由於天縱，推孝惠於車前，分杯羹於俎上，韓彭葅醢，兔死狗烹，獨斷與心，從容中道。至其厚學，則得自張良，良之師曰圯上老人，良進履受書，頓悟妙諦，老人以王者師期之。良為他人言，皆不省，獨沛公善之，盡得其傳。項王忿與挑戰，則笑而謝之；酈生責其倨見長者，而延之上坐；韓信乘其困於滎陽，求為假王以鎮齊，亦始怒之，而終忍之；自非深造有得，胡能豁達大度若是？至呂后私辟陽侯，佯為不知，尤其顯焉者。彼其得天既厚，學養復深，於流俗所傳君臣父子兄弟夫婦朋友之倫，廓而清之，翦滅群雄，傳祚四百餘載，雖曰天命，豈非人事哉？

楚漢之際，有一人焉，厚而不黑，卒歸於敗者，韓信是也。胯下之辱，信能忍之，其厚學非不優也。後為齊王，果聽蒯通說，其貴誠不可言。奈何惓惓於解衣推食之私情，貿然曰：衣人之衣者，懷人之憂，食人之食者，死人之事。長樂鐘室，身首異處，夷及三族，有以也。楚漢之際，有一人焉，黑而不厚，亦歸於敗者，范增是也。沛公破咸陽，繫子嬰，還軍灞上，秋毫無犯，增獨謂其志不在小。必欲置之死地而後已。既而漢用陳平計，間疏楚君臣，增大怒求去，歸未至彭城，疽發背死。夫欲圖大事，怒何為者！增不去，項羽不亡，苟能稍緩須臾，陰乘劉氏之敝，天下事尚可為；而增竟以小不忍，亡其身，復亡其君，人傑固如是乎？

夫厚黑之為學也，其法至簡，其效至神，小用小效，大用大效。沛公得其全而興漢，司馬得其全而興晉；曹操劉備得其偏，割據稱雄，炫赫一世。韓信范增，其學亦不在曹劉下，不幸遇沛公而失敗，惜哉！然二子雖不善終，能以一得之長，顯名當世，身死之後，得於史傳中列一席地，至今猶津津焉樂道之不衰，則厚黑亦何負於人哉？由三代以迄於今，帝王將相，不可勝數，苟其事之有濟，何一不出於此？書策具在，事實難誣。學者本吾說以求之，自有豁然貫通之妙矣。

世之論者，動謂成敗利鈍，其權不操於人，而操於天。不知惟厚惟黑，為人力所能盡。吾人處世，當竭其所能盡之力，以戰勝乎不可必之天。而天降禍於吾也，吾必反躬自省，吾行而未修乎，吾則改圖焉，吾行而已至乎，吾則加勉焉；所造果精，彼蒼自退而聽命。若淺嚐輒止，而歸咎於厚黑之無靈，厚黑豈任受哉？天之生人也，予以面而厚即隨之，予以心而黑即隨之，面與心先天也，厚與黑根於先天者也。自形式觀之，瑰然一面，廣不數寸，藐乎一心，大不盈掬，精而察之，其厚無限，其黑無倫，舉世之富貴功名宮室妻妾衣服輿馬，靡不於此區區間求之自足，造物之妙，誠有不可思議者！人之智慧，有時而窮，人之精神，有時而困，惟田夫厚黑，予生俱生，閱世愈多，其功愈著。得其道者，磨之不薄，洗之不白。面可毀，心可死，而厚黑之靈，亙萬古而不可滅，則知人稟於天者富，而天之愛乎人者篤矣。

世之衰也，邪說充盈，真理汩沒，下焉者，誦習感應篇陰騭文，沉迷不返；上焉者，狃於禮義廉恥之習，破碎吾道，彌近理而大亂真。若夫不讀書不識字者，宜乎至性未漓，可與言道矣；乃所謂善男信女，又幻出城隍閻老牛頭馬面刀山劍樹之屬，以懾服之、束縛之，而至道之真，遂隱而不見矣。我有面，我自厚之；我有心，我自黑之，取之裕如，無待於外。鈍根眾生，身有至寶，棄而不用，薄其面而為厚所賊，白其心而為黑所欺，窮蹙終身，一籌莫展，此吾所以歎息痛恨上叩穹蒼而代訴不平也。雖然，厚黑者，秉彝之良。行之非艱也。愚者行而不著，習而不察；黠者陽假仁義之名，陰行厚黑之實。大道錮蔽，無所遵循，可哀也已！

有志斯道者，毋忸怩爾色，與厚太忒；毋坦白爾胸懷，與黑違乖。其初也，薄如紙焉，白如乳焉。日進不已，由分而寸而尺而尋丈，乃壘若城垣然。由乳色而灰色而青藍色，乃黯若石炭然。夫此猶其粗焉者耳；善厚者必堅，攻之不破；善黑者有光，悅之者眾。然猶有跡象也：神而明之者，厚而無形，黑而無色，至厚至黑，而常若不厚不黑，此誠詣之至精也。曹劉諸人，尚不足以語此。求諸古之大聖大賢，庶幾一或遇之。吾生也晚，幸窺千古不傳之秘，先覺覺後，捨我其誰？亟發其凡，以告來哲。君子之道，引而不發，躍如也。舉一反三，貴在自悟。老子曰：上士聞道，勤而行之；中士聞道，若存若亡；下士聞道，大笑之，不笑不足以為道，聞吾言而行者眾，則吾道伸；聞吾言而笑者眾，則吾道絀。伸乎絀乎？吾亦任之而已。[6]

李宗吾把這篇文字寫出來之後，廖緒初果然就為他做了個序，謝綬青隨後也為他做了個跋。廖緒初的序曰：

吾友獨尊先生，發明厚黑學，恢詭譎怪，似無端崖；然考之古今中外，驗諸當世大人先生，舉莫能外，誠宇宙間至文哉！世欲業斯學而不得門徑者，當不乏人。特勸先生登諸報端，以饗後學。異日將此理擴而充之，刊為單行本，普渡眾生，同登彼岸，質之獨尊，以為何如？[7]

民國元年　三月　淡然

謝綬青的跋曰：

獨尊先生厚黑學出，論者或以為譏評末俗，可以導人為善；或以為鑿破混沌，可以導人為惡。余則曰：厚黑學無所謂善，無所謂惡，如利刃然，用以誅盜賊則善，用以屠良民則惡，善與惡，

何關於刃？用厚黑以為善則為善人，用厚黑以為惡則為惡人，於厚黑無與也。讀者當不以余言為謬。謝綬青跋[8]

據曾經和李宗吾接觸較多的孫栢蔚記載：《厚黑學》寫成之後，……連續刊登近一個月。一般讀者認為在沉重的精神壓力之下，讀之頗感輕鬆解頤。以後又印成單行本，銷售很快，成渝各地書攤販，竟恃它來兜攬生意。宗吾也初不料這種遊戲筆墨竟會不脛而走若此。後來偽當局曾一度禁止印售，但也無效，因各書店竟大批翻印出售以牟利。某星期天，宗吾偶到草堂寺蹓躂，突見一軍官迎面走過來，對他畢恭畢敬地行舉手禮，並說道：「李先生，您恐怕不認識我吧，我正是您的一個忠實信徒啊！」宗吾含笑回答說：「那末，我就成為厚黑教主了，你們二天就給我修座厚黑廟吧！」自此宗吾常自稱「厚黑教主」，而朋友們也竟以「教主」呼之，互相解頤。[9]

而另一方面，厚黑學一經發表，果然不出王簡恆、雷民心諸人所料，讀者為之譁然。及至李宗吾做了審計院第三科的科長，果然就有人說：「厚黑學果然適用，你看李宗吾公然做起科長官來了。」[10]李宗吾那一幫要好的朋友，於是紛紛勸阻李宗吾不要繼續再在報紙上發表《厚黑學》，李宗吾也聽從了朋友的勸告，打算就此罷手。不料又有人出來說：「你看李宗吾，做了科長官，厚黑學就不登了。」從本性來講，李宗吾本來是個書生氣很重的人，對於官場上的種種齷齪，心裏雖然如明鏡一般，但偏偏就是做不出來。受了這番刺激，李宗吾乾脆又寫了「求官六字真言」和「做官六字真言」

拿去在報紙上發表。經此之後，原本無意官場的李宗吾乾脆辭去職務，回老家自流井去鑽研他的厚黑學去了。

在李宗吾的辭官經歷中，還有一段小故事。李宗吾第一次進入肇造不久的民國體制，是在民國元年（一九一二年），張列五出任民政長之後，這一點本章已有提及。其時李宗吾的職務是審計院第三科科長，後來審計院裁撤，財政司又委李宗吾做重慶關監督，李宗吾把委任狀退了回去，堅決不就，後來財政司委託李宗吾的老同學劉公潛去遊說，李宗吾也未就。李宗吾的這一舉動在當時就引了很多人的猜測：這等肥缺？他為什麼不幹？後來李宗吾被任命為四川官產競買處理處的總經理，李宗吾才應命，不過要求把當時的薪金二〇〇元減到一二〇元。李宗吾曾經戲謔地說：「當時我還不知道銀元是用得的，又算害了幼稚病；幸而重慶關的監督沒有就，否則不知還要鬧出什麼笑話。」後來因為種種關係，四川官產競買處理處於民國二年冬（一九一三年）又遭裁撤。於是李宗吾無官一身輕，打算回老家安守田園。但是這位厚黑教主在任職期間，即不黑，又不厚，也不會中飽私囊，回家時，竟連路費都沒有著落，還是寫信向同鄉陳健人借了五十塊銀元。故事就出在這裏。

陳健人接到李宗吾的求助信回復到：我現無錢，好在為數不多，特向某某人轉借，湊足五十元與你送來。信末還附了一首詩：

五十塊錢不為多，借了一坡又一坡。
我今專人送與你，格外再送一首歌。

沒了官職的李宗吾沒有一點失落感，反而苦中作樂，立即覆信：捧讀佳作，大發詩興。奉和一首，敬步原韻，辭達而已，工拙不論。君如不信，有詩為證：

厚黑先生手藝多，那怕甑子滾下坡。
討口就打蓮花落，放牛我會唱山歌。

信發出後，李宗吾還覺得不過癮，又作了一首：

大風起兮甑滾坡，收拾行李兮回舊窩，安得猛士兮守砂鍋。

及至李宗吾走到成都東門至石橋趕船，望見江水滔滔，這位厚黑教主又來了興致：風蕭蕭兮江水寒，甑子一去兮，不復還。就這樣，兩袖清風的厚黑教主回到了家鄉自流井。

回家沒有多久，民國三年正月（一九一四年），李宗吾再次被起用，涉身教育，一直到民國九年（一九二〇年）李宗吾堅決辭職，此時的他才開始在家裏埋首厚黑學，寫下了《心理與力學》。

注釋

【1】張默生：《厚黑教主李宗吾傳》，北京，團結出版社，一九九五。

【2】【3】【9】孫柏蔚：〈記李宗吾〉載《李宗吾研究》創刊號　自貢市李宗吾學術研究會二〇〇四。

【4】【5】【10】李宗吾：《厚黑叢話》載成都《華西日報》民國二十四年九月一日至九月三十日。

【6】【7】【8】轉引自張默生：《厚黑教主李宗吾傳》，北京，團結出版社，一九九五。

第八章　《厚黑學》發表的時代背景

李宗吾發佈厚黑學，本來是想為「事事革新」的新局面提供一種新思想，這種被他命名為「厚黑學」的思想，如果不戴上道德評判的眼鏡和價值判斷的篩檢程式，原本可以看作是個人主義的先聲。在李宗吾之前還曾經有一個人提出個人主義的呼喊，那就是梁啟超。

維新運動失敗之後，梁啟超亡命日本。在日本期間，梁啟超「稍能讀東文，思想為之一變」。[1]他認識到，在政治制度背後實際有一種更廣的文化支持，具體表現為國民素質或曰國民性。因此，他提出要造就「新民」，並以「中國之新民」作為自己的筆名。為此，他在一九〇二年二月創辦了《新民叢報》，發表了約十一萬字的總題為《新民說》的系列文章，連載四年。在那一系列文章中梁啟超第一個發出了帶有濃烈個人主義色彩的吶喊：「今日欲言獨立，當先言個人之獨立，乃能言全體之獨立」，「為我也，利己也，中國古義以為惡德者也。是果惡德乎？」『天下之道德法律，未有不自立而者也……故人而無利己之思想者，則必放棄其權利，弛擲其責任，而終至於無以自立。」「蓋西國政治之基礎在於民權，而民權之鞏固由於國民競爭權利寸步不肯稍讓。即以人人不拔一毫之心，以自利者利天下。觀於此，然後知中國人號稱利己心重者，實則非真利己也。苟其真利己，何以他人剝奪己之權利，握制己之生命，而恬然安之，恬然讓之，曾不以為意也。」[2]「昔中國楊朱以為我立教，曰：『人人不拔一毫，人人不利天下，天下治矣。』吾昔甚疑其言，甚惡其言」，[3]但是現在卻認為這是至理名言。因為「一部分之權利，合之即為全體之權利；一私人之權利思想，積之即為一國家之權利思想。故欲養成此思想，必自個人始。人之皆不肯損一毫，則亦誰復敢攖他人之鋒而損其一毫者，故曰天下治矣，非虛言也。」[4]

與梁啟超同聲相合的還有維新變法運動的第四位偉大的鼓動者嚴復，嚴復之所以提倡把盎格魯陽—撒克遜的自由主義注入中國政治，就是因為他把它特有的「個人主義」看作推動先進的科學和工業文明運動的的「心力」。當他考察亞當・斯密的時候，也是強調個人開明的自利行為藉以有效滿足社會長期經濟需要的功利主義的「無形的手」。[5]隨著一九〇五年革命黨以及其宣傳刊物《民報》等報刊的興起，維新變法中的諸多人物的「改良」思想顯然不能適應「革命」的需要並且成為阻礙。「正當改良輿論變得堅定的時候，它開始遭受到一種新的攻擊。一九〇五年以後，改良漸進主義受到了革命的同盟會的攻擊。」[6]這種攻擊讓嚴、梁等人言論迅速的在主流階層消失了影響，取而代之的則是排滿革命的聲音甚囂塵上。

不過，在反映比較遲緩的民眾層面，嚴、梁的思想顯然還發生著影響，李宗吾就是這樣一個例子。李宗吾一生雖然和梁啟超、嚴復素未謀面，但是他的思想卻受到了嚴、梁的影響，其間存在著千絲萬縷的聯繫，這一點在稍後的章節中會給出文字的證明，再此不多贅言。中國是個具有深重的傳統文化包袱的國家，這些傳統文化在經過了歷朝歷代的層層篩選之後，把重點落在側重道德評判和價值取向這兩個維度之上的儒家文化之上。不可否認，這種經過篩選的文化因子，在幾千年中國社會進展中曾經起到過積極的作用，但是也在很大限度上限制了中國個人主義的發展。從歷史的角度來看，如果說維新運動中諸多鼓吹者的言論為辛亥革命提供了心理與理論基礎，那麼則可以說，在此之後的數年中，他們的聲音在民間依然產生著巨大的迴響，並繼續為之後的新文化運動提供了動力，雖然之後的新文化運動的領導者也許不這麼認為。在七八年之後的新文化運動中，幾乎所有的知識份子都把批判的矛頭指向了儒家文化這個沉重的包袱，並企圖通過批判建立起「個體獨立」的文化因子。再一次希望通過文化建設、運用改良的手段來改造社會。比如新文化運動的旗手陳獨秀，在《新青年》四卷二號上發表的〈人生真義〉寫道：

（一）人生在世，個人是生滅無常的，社會是真實存在的。

（二）社會的文明幸福，是個人造成的，也是個人應該享受的。

（三）社會是個人的集成。除去個人，便沒有社會；所以個人的意義和快樂，是應該尊重的。[7]

在同一篇文章中，這位新文化運動的旗手接著說：

（一）一切宗教、法律、道德、政治，不過是維持社會不得已的方法，給個人樂生的原意，可以隨著時勢變更的。

（二）個人幸福，是人生自身出力造成的，非是上帝所賜，也不是聽其自然所能成就的。若是上帝所賜，何以厚於今人而薄於古人？若是聽其自然所能成就，何以世界各民族的幸福不能夠一樣呢？[8]

不用太多的引用，這位新文化旗手在文章中關於個人主義的表達是多麼清晰！還有李大釗：

我們現在所要求的是個性的解放自由的我，和一個人人相愛的世界。介在我和世界中間的國家、階級、族界都是進化的阻礙，生活的煩累，應該逐步廢除。[9]

不惟如此，連日後成為中華人民共和國最高領袖的毛澤東，當年對於個人主義也有過相當精確的表達：

道德非必待人而有，待人而有者，客觀之道德律；獨立所有者，主觀之道德律也。吾人欲自盡其性，自完其心，自有最可貴之道德律。世界固有人有物，然皆因我而有也。我眼一閉，固不見物也，故客觀之道德律亦系主觀之道德律，而即使世界上只有我一人，亦不能因無損於人，而不盡吾之性，完吾之心，仍必盡之完之。此等處非以為人也，乃以為己也。[10]

所以，「個人有無上之價值，有百般之價值，使無個人（或個體）則無宇宙，故謂個人之價值大於宇宙之價值可也。」[11]

這裏說的又是多麼明白！值得注意的是《厚黑學》發表兩年之後的一九一四年，遠在大洋彼岸的胡適，受到易卜生的影響，提出了「健全的個體主義」，他在那篇用英文寫成的演講《易卜生主義》中集中表現了這一思想。四年之後，胡適在根據英文演講所作的同名文章中胡適繼續強調「社會最大的罪惡莫過於摧折個人的個性」，並由此過渡到以人格自由獨立、個性價值尊嚴為精神的核心的「救出自己，完善自己」的「健全的個人主義」。在那篇文章中，胡適還引用了易卜生尺牘中的語錄來說明自己的觀點：一：「我所期望你的是一種真益純粹的為我主義。要使你覺得天下只有關於我的事最要緊。」二：「你要想有益於社會，最好的法子莫如把你自己這塊材料鑄造成器。」三：「有的時候，我真覺得全世界都像海上撞沉了船，最要緊的還是救出自己。」四：「須使各人自己充分的發展──這是人類功業的最高一層。」胡適的全面之處在於他同時指出：「要發展個人的個性，須要有兩個條件。第一須使個人有自由意志。第二須使個人擔干係負責任。」[12]尤其值得注意的是，在同一篇文章中胡適描寫的當是的時代背景，他說：

> 人生的大病根在於不肯睜開眼睛來看世間的真實現狀。明明是男盜女娼的社會，我們偏說是聖賢禮義之邦；明明是贓官污吏的政治，我們偏要歌功頌德；明明是不可救藥的大病，我們偏說一點病都沒有！卻不知道：若要病好，須先認有病；若要政治好，須先認現今的政治不好；若要改良社會，須先知道現今的社會實在是男盜女娼的社會！[13]

這樣的社會底色，可以看作是李宗吾發表《厚黑學》的社會背景。那麼，當時的思想界又是一種什麼情況呢，不妨再摘引一段李澤厚在《中國現代思想史論》中說的話：

清朝專制政體和有關傳統觀念、舊有價值的崩潰或動搖，使五四時期的注意中心由前代的船堅炮利（物質工具）和「鼎革之際」的改良、革命（政治體制）轉移到思想文化上來。數千年「修齊治平」和「天地君親師」的傳統信仰和標準規範不再能維繫人們，知識者在尋求著新的人生信仰、生活依據和精神支柱。這其實也是中國近代知識份子一直在進行著和具有著的心態模式，它也正是實用理性的傳統心理在近現代的延續實現：用理性追求一種信仰以指導人生和現實活動。[14]

與之後的論述相比，李宗吾的厚黑學沒有太多的理論色彩和價值層面的敘述，但是綜合起來看，李宗吾的厚黑學和之後諸位先賢的表述可謂是互為表裏。胡適和新文化運動中的諸多論述都集中在理論上，李宗吾的厚黑學則是實施層面上表達了個人主義的聲音。與諸多借助於西方語境的個人主義聲音不同的是，李宗吾再一次把老祖宗的思想資源作為自己論證的材料，雖然他沒有明白地提出個人主義這一個詞，我們不妨看看他的表達：

凡人在社會上做事，總須人己兩利，乃能通行無礙。孔孟的學說，正是此等主張。孔子所說：「己立立人，己達達人。」《大學》所說：「修齊治平。」孟子所說：「王如好貨，與民同之。」

「王如好色，與民同之」等語，都是本著人己兩利的原則立論。叫儒家損人利己，固然絕對不做，就叫他損己利人，他也認為不對。觀於孔子答宰我「井有人焉」之問，和孟子所說「君視臣如草芥，則臣視君如寇仇」等語，就可把儒家真精神看出來，此等主張，最為平正通達。墨子摩頂放踵以利天下，捨去我字，成為損己利人之行為，當然為孔門所不許。[15]

看了這段表述，厚黑學之為個人主義思潮中的一脈，已經昭然若揭。

而且，如果把李宗吾的厚黑學中的「厚」視為「隱忍」，「黑」視為「堅毅」，厚黑學未嘗不能視為要求「個性獨立」的先聲，何嘗不是在個性萎靡的時代發出的啟蒙之光？只不過，李宗吾的厚黑學的缺陷在於缺少一個合理的限制，那就是所有的一切都應該在「法」的框架之內。不過用法律的眼光去評判先人顯然是超越了歷史的語境，當時沒有多少人具備法律眼光。而且，李宗吾的這種啟蒙走在了時代的前面，按照李澤厚先生的說法，二十世紀上半葉，一直處於「啟蒙和救亡的雙重變奏」之中，除了在五四新文化運動一段極短的時間內，啟蒙和救亡並行不悖相得益彰，其他大部分時期，無一例外，都是救亡壓倒啟蒙。李宗吾的思想沒有成為主流的原因是多方面的，除了與他的敘述方式（過於戲謔）和文化身份（一直處於文化中心之外的邊緣地位），這也是個極為重要的原因。誠如李澤厚在《中國近代思想史論》中指出的：「每個時代都有它自己中心的一環，都有這種為時代所規定的特色所在。……在近代中國，這一環就是社會政治問題的討論：燃眉之急的中國近代緊張的民族矛盾和階級鬥爭……把注意和力量大都集中投放在當前急迫的社會政治問題的研究討論和實踐活動中。」[16]在辛亥革命以及之後中國動盪不安的局面這個巨大的背景之下，李宗吾的啟蒙之聲顯得是那麼微弱，以至於被淹沒了。富有意味的是，李宗吾的這種思想，原本就是「把注意和力量大都集中投放在當前急迫的社會政治問題的研究討論和實踐活動中」的結果，是因為身邊諸多投身革命的朋伴相互探討而激發出來的，這一點在前面已經有過論述，只不過，李宗吾走得太遠了，甚至和當時辛亥革命的最高領袖孫中山的思想都發生了衝突。還得抄書，才能說明李宗吾的思想是怎麼和當時的時代發生衝突的：

> 戊戌前王照曾勸康有為先辦教育培養人才再搞變法改革，康有為回答說，局勢嚴重，來不及了。辛亥前嚴復在倫敦遇到孫中山，嚴也勸孫中山先辦教育，孫的回答也是「俟河之清，人壽幾何」，一萬年太久，來不及了。康有為是主張興民權開議院的，但在戊戌變法的當口，卻相反地強調要尊君權，要求光緒皇帝獨攬大權實行變法。孫中山是提倡自由平等博愛的，但他晚年卻反覆強調，「……歐洲當時是為個人爭自由，到了今天……萬不可再用到個人身上去，要用到國家身上去。個人不可太自由，國家要得到完全自由。到了國家能將行動自由，中國便是強盛國家。在這樣做去，便要大家犧牲了自己」，「如果時拿自由平等去提倡民氣，便是離事實太遠，和人民沒有切膚之痛。他們便沒有感覺，沒有感覺，一定不來符合。」[17]

這是思想家和執行家之間的區別，思想家著眼的是長遠，執行家著眼的是當下。李宗吾最初走的本來是執行家的路數（參加革命），但是他身上的知識份子的氣質卻讓他走到了革命的前面，以至於對於辛亥革命也開始有了自己的看法，這一點在本書的第五章曾經提及，不妨參照閱讀。

還有一點值得注意的是，與稍後幾年中新文化運動的知識份子不同的是，李宗吾這種「個性獨立」的意識，完全脫胎於中國傳統文化的基因，而新文化運動中的那些知識份子，憑藉的則是西方興起的種種新理論。李宗吾用的是馮友蘭先生所說的「接著講」，新文化運動中的那些知識份子則是「重新講」，不過這種「重新講」是一種割斷了本身傳統的對於「舶來品」的複製，是另外一種「照著講」而已。

注釋

【1】梁啟超：《三十自述》。

【2】【3】梁啟超：《十種德性相反相成義》。

【4】梁啟超：《新民說》以上均引自《梁啟超全集》，北京，北京出版社，一九九九。

【5】【6】參見費正清　編《劍橋中華民國史》北京，中國社會科學出版社，一九九八。

【7】
【8】陳獨秀：〈人生真義〉，載《獨秀文存》頁一八四，安徽，安徽人民出版社，一九八八。
【9】李大釗：〈我與世界〉，載《每週評論》，北京，一九一九年七月七日。
【10】
【11】毛澤東：〈倫理學原理批語〉，載《新青年》，北京，一九一七年四月，轉引自李澤厚：《中國現代思想史論》。
【12】
【13】轉引自《胡適傳論》，胡明著，人民文學出版社，北京，一九九六年。
【14】李澤厚：〈記中國現代三次學術論戰〉，載《中國現代思想史論》。
【15】李宗吾《厚黑叢話》載成都《華西日報》民國二十五年一月二月。
【16】李澤厚：〈中國近代思想史論・後記〉，轉引自《中國現代思想史論》。

第九章　重新認識厚黑學

世人對於李宗吾的評論，大多集中在厚黑學方面，在所有的評論當中，比李宗吾稍晚一個時代的林語堂的評價大概是目前最高的評價。林語堂在評價中說：

（李宗吾）著書立說，其言最為詼諧，其意最為沉痛。千古大奸大詐之徒，為鬼為蜮者，在李宗吾筆下燭破其隱。

世間學說，每每誤人，惟有李宗吾鐵論《厚黑學》不會誤人。知己而又知彼，既知病情，又知藥方，西洋鏡一經拆穿，則牛渚燃犀，百怪畢現，受厚黑之犧牲者必少，實行厚黑者無便宜可占，大詐大奸，亦無以施其技矣！於是乎人與人之間，只得「赤誠相見」，英雄豪傑，攘奪爭霸，機詐巧騙，天下攘攘！亦可休矣！亞李之《厚黑學》，有益於世道人心，豈淺鮮哉！讀過中外古今書籍，而沒有讀過李宗吾《厚黑學》者，實人生憾事也！此時此境，我論此學，作此文，豈徒然耶？

……

李氏死了。要知李氏發佈《厚黑學》，是積極的，並非消極的，不是只嬉笑怒罵而已；對於社會人心，實有「建設性」。旨在「觸破奸詐」，引人入正！……

……

大哉孔子！三代以上有聖人，三代下聖人絕了種，怪事也！然則近代之新聖人，其唯發佈厚黑學之李宗吾乎！（拍桌）[1]

大學者吳稚暉則認為厚黑學為「千古不磨之論」。同樣被視為怪才的臺灣作家柏楊則認為厚黑學表現了李宗吾作為「一位蓋世奇才，對日非的世局，其內心的悲憤和痛苦，是如何的沉重。」「李宗吾先生一生為人做事，比柏楊先生不知道高級多少，真可驚天地而泣鬼神。而他鼓吹「厚黑」，硬揭大人先生和魚鱉蝦蚧的瘡疤，其被圍剿，自在意中。」[2]曾經寫過《厚黑教主李宗吾傳》的張默生則認為李宗吾是「思想界的彗星」。

以上的評價都是從正面立論，從反面來說的評論則基本上以曹聚仁的觀點為代表，李宗吾去世不久，曹聚仁在一次朋友通信中談到《厚黑學》，曹聚仁說：

重慶之行，我個人失望之處甚多；而李宗吾厚黑學這部名震一時的著作，使我看了，並無可喜之處，也是一件「大失望」。這類書，不過是別一型的《東萊博議》，愛用奇兵，專作翻案文章，像是大翻斤斗，其實離不了如來佛的手掌；倒替「日光之下並無新事」那句話下了注解。明末清初，如李卓吾、金聖歎都走的這一路子。（應該說李宗吾走的是李卓吾、金聖歎的路子。）看是前無古人，後無來者，做一個開天闢地的大好漢，畢竟落到夾縫中去，進退兩難。這便是英儒培根所說的「洞穴的幻象」。

潘菽先生以為李氏的根本毛病在那種看法有問題。「他僅僅是說要懷疑，但並未說這樣懷疑。要以古為敵，或以古為徒，必須自己穿起相當的武裝，多少要執著一點武器；否則赤手空拳和別人搏鬥起來，雖然也可以把對方打得嘴歪額腫，而自己也不免要打扁了鼻子，打瞎了眼睛。這就是說，亦許自己可以覺得鬥勝了，但其實是泥中鬥戰一場。古往今來，多少刑名師爺式的著作，專門在字句裏縫裏鑽找，訟師就是這樣產生的」。這話對極了。我可惜沒見李先生的面，不知他的底細。我想：他一定給這部書的成名害了，所以接受不了時代的潮流；他只要懂一點社會科學的常識，一定把這部自以為了不得的書棄之如泥塵了。[3]

當代學者朱正在自傳《小書生，大時代》中曾經提到他與通過《中學生》雜誌建立筆友關係的一位好友的通信，那位名叫何金銘的筆友在一九四八年二月十二日寫給朱正的信中這樣評價《厚黑學》：

> 所提《厚黑學》未看，但名字是知道了的。這位李宗吾先生雖是憤世嫉俗，有所感而作書，但我覺得未免過火了。潑辣的譏諷是不好的，因為這近乎罵街，幽默也未嘗不好，但應該是有所為的，為字背後得藏著把淚，像魯迅先生那樣。否則就跟林語堂打了等號了。要曉得正確的文藝路線是嚴肅的工作，不是幫閒式的吟風弄月，也不是潑婦式的罵街打巷，更不該張家長李家短的有失體統。這話你可贊同？[4]

朱正在書中沒有說到自己當時對於《厚黑學》的看法，大概跟他的這個筆友的看法類似[5]。不過這封信至少說明瞭一個問題，那就是在一九四八年，《厚黑學》流傳已經相當廣泛了。所有評價中最差的大概是在莊周的〈齊人物論〉中，在那篇流傳甚廣的文章中，李宗吾是在莊周評論柏楊時提到的，作者說：

柏楊是個典型的嘩眾取寵者。正如《厚黑學》的作者李宗吾是個嘩眾取寵者。世間自有誨淫誨盜者。批判人性陰暗和文化弊端，若不能指明向上一路，那就等於為天性下賤者開墮落啟蒙課。比如《厚黑學》一出，中國人恍然大悟，原來非臉厚心黑就不能恭喜發財，於是競相厚黑。……[6]

所有這些評價，都沒有落在思想獨立的這個核心，莊周先生的評判更幾乎接近於掄起來的大棒。筆者在上一章把李宗吾的早期《厚黑學》視為中國本地土壤上生出的個人主義的先聲，作此新論，並非標新立異，也非強作解人。其根據在於，只有按照這種理解，才能更好地理解李宗吾後來的思想發展軌跡，在李宗吾後來的著述中，個人主義、個性獨立的思想已經是呼之欲出，十分明顯。當然，我們不能拿後來的李宗吾來解釋此時（發表厚黑學前後時期）的李宗吾。理解此時的李宗吾，最好還是從此時說起，最有力的證據，當然就是本書第六章中所論述的。還有一點就是李宗吾蘊育於滿清末年而發表於民國十六年（一九一七年）的〈我對聖人之懷疑〉一文，李宗吾說，「因為有了這種（指〈我對聖人之懷疑〉，筆者注）思想，才會發明厚黑學」。[7]而關於「厚」「黑」兩個字的理解，也可以看看李宗吾自己的說法：

民國元年，我在成都公論日報社內寫《厚黑學》，有天緒初到我室中，見案上寫有一段文字：「楚漢之際，有一人焉，厚而不黑，卒歸於敗者，韓信是也。……楚漢之際，有一人焉，黑而不厚，亦歸於敗者，范增是也。……」緒初把我的稿子讀了一遍，轉來把韓信這一段反覆讀之，默然不語，長歎一聲而去。我心想道：「這就奇了，韓信厚有餘而黑不足，范增黑有餘而厚不足，我原是二者對舉，他怎麼獨有契於韓信這一段？」我下細思之，才知緒初正是厚有餘而黑不足的人。他是盛德夫子，叫他忍氣，是做得來，叫他做狠心的事，他做不來。患寒病的人，吃著滾水很舒服；患熱病的人，吃著冷水很舒服；緒初所缺乏者，正是一黑字，韓信一段，是他對症良藥，故不知不覺，深有感觸。[8]

還有一段：

在審計院時，緒初寢室與我相連，有一日下半天，聽見緒初在室內拍桌大罵，聲震屋瓦，我出室來看，見某君倉皇奔出，緒初追而罵之：「你這個狗東西！混帳……」直追至大門而止（此君在緒初辦旅省敘屬中學時曾當教職員）。緒初轉來，看見我，隨入我室中坐下，氣忿忿道：「某人，真正豈有此理！」我問何事，緒初道：「他初向我說：某人可當知事，請我向列五介紹。我唯唯否否應之。他說：『事如成了，願送先生四百銀子。』我桌子上一巴掌道：『胡說！這些話，都可拿來向我說嗎？』他站起來就走，說道：『算了，算了，不說算了。』我氣他不過，追去罵他一頓。」我說：「你不替他說就是了，何必為此已甚。」緒初道：這宗人，你不傷他的臉，將來不知還要幹些甚麼事。我非對列五說不可，免得用著這種人出去害人。」此雖尋常小事，在厚黑學上卻含有甚深的哲理。我批評緒初「厚有餘而黑不足」，叫他忍氣是做得來」。叫他做狠心的事做不來，何以此事忍不得氣？其對待某君，未免太狠，竟自侵入黑字範圍，這是什麼道理呢？我反覆研究，就發見一條重要公例。公例是什麼呢？厚黑二者，是一物體之兩方面，凡黑到極點者，未有不能厚，厚到極點者，未有不能黑。舉例言之：曹操之心至黑，而陳琳作檄，居然容他得過，則未嘗不能厚；劉備之面至厚，劉璋推誠相待，忽然舉兵滅之，則未嘗不能黑。我們同輩中講到厚字，既公推緒初為第一，所以他逃不出這個公例。[9]

從這兩段可以看出，把厚黑理解為「隱忍」和「堅毅」，應該是不錯的。可惜的是，李宗吾這一個人主義的思想脈絡一直沒有得到很好的傳承，倒是胡適，在一九三〇年所寫的〈介紹我自己的思想〉中，重新提到了「個人主義」：「把自己鑄造成器，方才可以希望有益於社會。真實的為我，便是最有益的為人。」更著名的是下面這段：「現在有人對你們說：『犧牲你們個人的自由，去求國家的自由！』我對你們說：『爭你們個人的自由，便是為國家爭自由！爭你們自己的人格，便是為國家爭人格！自由平等的國家不是一群奴才建造得起來的！』」這樣的話，算是為「個人主義」在中國的傳播保存了一線生機。關於「個人主義」在中國的傳播以及發展，李澤厚在《告別革命》中曾經有過一個專節的介紹，有興趣的讀者不妨自己找來看看，在此不多贅引。後世多有論及李宗吾的厚黑學者，無論褒貶，大多隔靴搔癢，不得門徑。需要指出的是，所有以上所引的評論，都不是針對第七章中所引的文言版的《厚黑學》，而是後來李宗吾在《華西日報》發表白話版的《厚黑叢話》，「厚黑學」成為一時之新名詞之後，之所以把這些評論在這一章彙結，是因為之後李宗吾後來的「厚黑思想」完全發端於此（指民國初年李宗吾發表的文言版《厚黑學》），而這些評論所針對的，又都是李宗吾的「厚黑思想」。

注釋

【1】林語堂：評李宗吾《厚黑學》轉引自《李宗吾雜文經典全集》，長春，時代文藝出版社，二〇〇三。

【2】柏楊：談《厚黑學》轉引自李宗吾著《厚黑大全》，北京，今日中國出版社，二〇〇三。

【3】曹聚仁：《曹聚仁文選》北京，中國廣播電視出版社，一九九五。

【4】朱正：《小書生大時代——朱正口述自傳》，北京，北京大學出版社，一九九九。

【5】《李宗吾新傳》在內地出版之後，筆者曾專門拜訪朱正先生並問及朱先生當時對於《厚黑學》的態度。朱先生對於六十年前曾經讀過的厚黑學記憶非常深刻：我跟我的那位朋友的看法並不類，而是相反。在當時的時局中，讀到這本書，感覺作者是個憤世嫉俗的人，有所感而作書。我非常喜歡書中的內容，語言也很活潑。我寫信告訴朋友，卻被朋友批評了一通，從那以後便不再讀了。後來在反右派鬥爭中，我被批鬥，讀《厚黑學》也成了罪證之一，說我滿腦子厚黑思想。

【6】莊周：〈齊人物論〉，原載《書屋》二〇〇〇年第九期。

【7】李宗吾：《厚黑叢話》載成都《華西日報》民國二十四年十一月至十二月。

【8】

【9】李宗吾：《厚黑叢話》載成都《華西日報》民國二十四年九月一日至九月三十日。

第十章　我對聖人之懷疑：現代疑古的先驅

〈我對聖人之懷疑〉是李宗吾發表於民國十六年（一九二七年）的一篇文章，據李宗吾自己講這篇文章寫於《厚黑學》發表之後不久，但一直到民國十六年從未發表過。[1]

李宗吾在這篇文章中說：

世間頂怪的東西，要算聖人，三代以上，產生最多，層見疊出，同時可以產生許多聖人。三代以下，就絕了種，並莫產出一個。秦漢而後，想學聖人的，不知有幾千百萬人，結果莫得一個成為聖人，最高的，不過到了賢人地位就止了。請問聖人這個東西，究竟學得到學不到？如說學得到，秦漢而後，有那麼多人學，至少也該再出一個聖人；如果學不到，我們何苦朝朝日日，讀他的書，拚命去學？三代上有聖人，三代下無聖人，這是古今最大怪事，我們通常所稱的聖人，是堯舜禹湯文武周公孔子。我們把他分析一下，只有孔子一人是平民，其餘的聖人，儘是開國之君，並且是後世學派的始祖，他的破綻，就現出來了。

原來周秦諸子，各人特創一種學說，自以為尋著真理了，自信如果見諸實行，立可救國救民，無奈人微言輕，無人信從。他們心想，人類通性，都是悚慕權勢的，凡是有權勢的人說的話，人人都能夠聽從。世間權勢之大者，莫如人君，尤莫如開國之君，兼之那個時候的書，是竹簡做的，能夠得書讀的很少，所以新創一種學說的人都說道，我這種主張，是見之書上，是某個開國之君遺傳下來的。於是道家託於黃帝，墨家託於大禹，倡並耕的託於神農，著本草的也託於神農，著醫書的，著兵書的，俱託於黃帝。此外百家雜技，與夫各種發明，無不託始於開國之君。孔子生當其間，當然也不能違背這個公例。他所託的更多，堯舜禹湯文武之外，更把魯國開國的周公加入，所以他是集大成之人。周秦諸子，個個都是這個辦法，拿些嘉言懿行，與古帝王加上去，古帝王坐享大名，無一個不成為後世學派之祖。

周秦諸子，各人把各人的學說發佈出來，聚徒講授，各人的門徒，都說我們的先生是個聖人。原來聖人二字，在古時並不算高貴，依《莊子．天下篇》所說，聖人之上，還有天人、神人、至人等名稱，聖人列在第四等；聖字的意思，不過是聞聲知情，事無不通罷了，只要是聰明通達的人，都可呼之為聖人，猶之古時的朕字一般，人人都稱得，後來把朕字、聖字收歸御用，不許凡人冒稱，朕字、聖字才高貴起來。周秦諸子的門徒，尊稱自己的先生是聖人，也不為僭妄。孔子的門徒，說孔子是聖人，孟子的門徒說孟子是聖人，老莊揚墨諸人，當然也有人喊他為聖人。到了漢武帝的時候，表章六經，罷黜百家，從周秦諸子中，把孔子挑選出來，承認他一人是聖人，諸子的聖人名號，一齊削奪，孔子就成為御賜的聖人了。孔子既成為聖人，他所尊崇的堯舜禹湯文武周公當然也成為聖人。所以中國的聖人，只有孔子一人是平民，其餘的是開國之君。[2]

熟悉現代學術史的人，大概會在這裏面讀到另一位大史學家的影子，這個人當然就是近現代學術史上集疑古之大成的疑古大師顧頡剛。一九二三年二月，顧頡剛給錢玄同寫了一封討論古史的信，寫出很久之後，顧頡剛沒能及時收到錢玄同的回覆，當時胡適正好在為他主編的《努力週刊・讀書雜誌》組稿，有一次胡適向顧頡剛索要稿件，顧頡剛便把他寫給錢玄同的信加了按語交給了胡適。這封信於同年五月六日發表在第九期《努力週刊・讀書雜誌》上，題為〈與錢玄同先生論古史書〉。

在那封信中，顧頡剛提出了三個主要觀點：時代愈後，傳說的古史期愈長；時代愈後，傳說中的中心人物愈放愈大；第三，「我們在這上，即不能知道某件事真確的狀況，但可以知道某一件事在傳說中的最早的狀況」。這三點結合起來，就是「層累地造成的中國古史」。【3】

顧頡剛把信發表的原意本想是催催錢玄同的回覆。沒想到這封信卻在現代學術史上引起了軒然大波。一時之間引來眾多學者的回應，柳翼謀便是其中一位，不過要說清這段學案距本書的主題太遠，不做太多闡述。這封信集中體現了顧頡剛對於中國舊的古史系統的認識和基本觀點，也標誌了以顧頡剛為代表的古史辨派的崛起。

與之可以對比的還有一九二六年十月三日顧頡剛在廈門大學所做的題為〈孔子何以成為聖人〉的演講，這篇演講後來以〈春秋時代的孔子和漢代的孔子〉為題發表於《廈大週刊》。在那篇文章，顧頡剛提出一個重要的問題：孔子何以成為聖人？顧頡剛認為：

孔子的人格是跟著各時代人們思想觀念的變化而不停地變化的。各時代有各時代的孔子，即在一個時代也有種種不同的孔子。

如果孔子的本質可以說是聖人，但何以孔子之前不用聖人的名來稱後世所承認的幾個古帝王？又何以孔子之後再沒有聖人出來？可見聖人的出生不是偶然的，而是一定的時期，就是春秋時代之末的必然產物。【4】

這樣的表述，跟李宗吾在〈我對聖人之懷疑〉中的表述，就幾乎如出一轍了。顧頡剛自然沒有可能看到從沒有發表過的〈我對聖人之懷疑〉，李宗吾是否看到了顧頡剛的文章，現在還沒有相關的資料可以佐證。如果李宗吾同樣沒有讀過顧頡剛的文章，那麼，這種相類似的表述無疑是一種歷史的偶然，在這個歷史的偶然中包含著自古就有的疑古傳統。顧頡剛在《古史辨》第一冊自序〉就曾經說：「古史古書之偽，自唐以後書籍流通，學者聞見廣博，早已致疑；如唐之劉知幾、柳宗元，宋之司馬光、歐陽修、鄭樵、朱熹、葉適，明之宋濂、梅鷟、胡應麟，清之顧炎武、胡渭、毛奇齡、姚際恒、閻若璩、萬斯大、萬斯同、袁枚、崔述等人都是。不過那些時代的學術社會處於積威的迷信之下，不能容受懷疑的批評，以致許多精心的創見不甚能提起社會的注意，就是注意了也只有反射著厭惡之情。」在另一篇文章中，顧頡剛更加明確地指出了這個傳統，他說：「我的學術工作，最初就是從鄭樵和姚（際恒）、崔（述）兩個人來的。……我的《古史辨》的指導思想，從遠的來說就是起源於鄭、姚、崔三人的思想，從近的來說則是受了胡適、錢玄同二人的啟發和幫助。」[5]在這個疑古傳統的背後有一個意味深長之處。那就是——顧頡剛一封信就引起巨大反響和李宗吾深思熟慮卻反響甚微。其中的奧妙之處其實就在於顧頡剛所說的「近的來講」之中，文化遺產的篩選從來不是以真正的品質作為標準，而是取決於其跟隨者的多少。顧頡剛北大一畢業就置身於以胡適為代表的文化中心人物周圍，之後更是一直身處大學之內，其學說之流傳，比起身處邊遠的李宗吾，自然要容易得多。這樣說，不是貶低顧頡剛先生的學術地位和水準，客觀的說，從學術層面來講，李宗吾要差一些，但是在思想層面上來講，李宗吾則比顧頡剛和五四那批知識份子不相上下甚至略勝一籌。對於此，我們不妨看看李宗吾在〈我對聖人之懷疑〉中的另外一些表述：

中國的聖人，是專橫極了，他莫有說過的話，後人就不敢說，如果說出來，眾人就說他是異端，就要攻擊他。朱子發明了一種學說，不敢說是自己發明的只好把孔門的「格物致知」加一番解釋，說他的學說，是孔子嫡傳，然後才有人信從。王陽明發明一種學說，也只好把「格物致知」加一番新解釋，以附會己說，說朱子講錯了，他的學說才是孔子嫡傳。本來朱、王二人的學說，都可以獨樹一幟，無須依附孔子，無如處於孔子勢力範圍之內，不依附孔子，他們的學說萬萬不能推行。他二人費盡心力去依附當時的人，還說是偽學，受重大的攻擊。聖人專橫到了這個田地，怎麼能把真理搜尋得出來。

……

學術上的黑幕，與政治上的黑幕，是一樣的。聖人與君主，是一胎雙生的，處處狼狽相依。聖人不仰仗君主的威力，聖人就莫得那麼尊崇；君主不仰仗聖人的學說，君主也莫得那麼猖獗。於是君主把他的名號分給聖人，聖人就稱起王來了；聖人把他的名號分給君主，君主也稱起聖來了。君主鉗制人民的行動，聖人鉗制人民的思想。君主任便下一道命令，人民都要遵從；如果有人違背了，就算是大逆不道，為法律所不容。聖人任便發一種議論，學者都要信從；如果有人批駁了，就算是非聖無法，為清議所不容。中國的人民，受了數千年君主的摧殘壓迫，民意不能出現，無怪乎政治紊亂；中國的學者，受了數千年聖人的摧殘壓迫，思想不能獨立，無怪乎學術銷沉。因為學說有差誤，政治才會黑暗，所以君主之命該革，聖人之命尤其該革。【6】

在同一篇文章，李宗吾還給出了「疑古」的方法：

我對於眾人既已懷疑，所以每讀古人之書，無在不疑，因定下讀書三訣，為自己用功步驟。茲附錄於下。

讀書三訣：

第一步，以古為敵。讀古人之書，就想此人是我的勁敵，有了他，就莫得我，非與他血戰一番不可。逐處尋他縫隙，一有縫隙，即便攻入；又代古人設法抗拒，愈戰愈烈，愈攻愈深。必要如此，讀書方能入理。

第二步，以古為友。我若讀書有見，即提出一種主張，與古人的主張對抗，把古人當如良友，互相切磋。如我的主張錯了，不妨改從古人；如古人主張錯了，就依著我的主張，向前研究。

第三步，以古為徒。著書的古人，學識膚淺的很多，如果我自信學力在那些古人之上，不妨把他們的書拿來評閱，當如評閱學生文字一般。說得對的，與他加幾個密圈；說得不對的，與他劃幾根槓子。我想世間俚語村言，含有妙趣的，尚且不少，何況古人的書，自然有許多至理存乎其中，我評閱越多，智識自然越高，這就是普通所說的教學相長了。如遇一個古人，智識與我相等，我就把他請出來，以老友相待，如朱晦庵待蔡元定一般。如遇有智識在我上的，我又把他認為勁敵，尋他縫隙，看攻得進攻不進。[7]

這些話，可以看作現代疑古的先聲。

注釋

【1】李宗吾在〈我對聖人之懷疑〉的自序中寫到：我見二十四史上一切是非都是顛倒錯亂的，曾做了一本《厚黑學》，說古來成功的人，不過面厚心黑罷了，民國元年，曾在成都報紙上發表。我對於堯舜禹湯文武周公孔子十分懷疑，做了一篇〈我對於聖人之懷疑〉。這篇文字，我從前未曾發表。

【2】李宗吾：〈我對聖人之懷疑〉，轉引自《李宗吾雜文經典全集》，長春，時代文藝出版社，二〇〇三。

【3】顧頡剛：〈與錢玄同先生論古史書〉原載《努力週刊．讀書雜誌》一九二三年五月六日，轉引自《顧頡剛集》，北京，中國社會科學社出版社，二〇〇一。

【4】顧頡剛：〈春秋時代的孔子和漢代的孔子〉載《廈大週刊》一九二六年第一六〇——一六二期。

【5】顧頡剛：〈我是怎麼編寫〈古史辨〉的？〉（上），《中國哲學》第二輯，北京，三聯書店，一九八〇。

【6】

【7】李宗吾：〈我對聖人之懷疑〉，轉引自《李宗吾雜文經典全集》，長春，時代文藝出版社，二〇〇三。

第十一章　〈我對聖人之懷疑〉的時代背景

一個思想家或者學者的思考結果和選擇思考的內容可能與時代沒有太大的關係，但是他一定會受到當時時代的影響，更會受到思想界和學術界自身的影響。李宗吾雖然沒能進入當時時代思想界的主流，但是他沒有辦法逃脫歷史的規律。〈我對聖人之懷疑〉是李宗吾很重要的一篇作品，有必要對於當時的背景做一下考察。

在〈我對聖人之懷疑〉中，李宗吾說：「我先年對於聖人，很為懷疑，細加研究，覺得聖人裏面有種種黑幕，曾做了一篇〈聖人的黑幕〉。民國元年本想與《厚黑學》同時發表，因為《厚黑學》還未登載完，已經眾議譁然，說我破壞道德，煽惑人心，這篇文字，更不敢發表了，只好藉以解放自己的思想。現在國內學者，已經把聖人攻擊得身無完膚，中國的聖人，已是日暮途窮。我幼年曾受過他的教育，本不該乘聖人之危，墜井下石，但是我要表明我思想的過程，不妨把我當日懷疑之點，略說一下。」[1]這就是這篇文章的時代背景。

說到反傳統，學術界一般都習慣於把目光聚焦在或多或少、或深或淺的以進化、競爭、自由、民主、科學、平等、個性、實用等近代西方資本主義的文化價值觀為理論依據的五四新文化運動上。如果我們不以割斷歷史的目光來審視歷史，歷史從來沒有在哪個地方被割斷過，它從來都是具有延續性的。而「在中國近代史上的發展過程中，隨著一個政治運動的發生，每每有一個與之相應的文化革新運動的興起，力求調整和補苴日見失靈的傳統封建文化和思想。」[2]辛亥革命在近現代史研究中一直倍受矚目，論研究之盛、成果的豐碩，至今仍少有對於哪個運動的研究能夠超越，但是，這種研究現狀主要是集中在政治、軍事、社會經濟以及政治思想等幾個層面，對於辛亥革命前後的學術思想等層面的研究寥寥無幾。對於作為辛亥革命中的一分子、其好友雷鐵厓又曾經擔任過孫中山秘書的李宗吾來說，無疑會受到來自那個時代思潮的影響。下面就辛亥革命前後的反傳統思想做一個簡單梳理，來進一步詳細說明李宗吾創作和發表〈我對聖人之懷疑〉的時代背景。

近代史上較早比較直接提出反對傳統的文章是《國民報》（一九〇一年）上刊出的〈說國民〉，文章說中國要擺脫君權和外權的壓制，「畢先脫數千年來牢不可破之風俗、思想、教化、學術之壓制。」自此之後，反對以儒家文化為代表的傳統文化的輿論一直不絕如縷：《大陸》（一九〇二年）上刊載的〈廣解老篇〉，攻擊三綱五常「禮俗之虛偽」。《遊學譯編》所載的〈教育泛論〉，在討論現代教育時說到現代教育有兩大主義，一是貴我，一是通今。並根據這兩個標準轉而斥責儒者立說以利為人之大戒是「不近人情之言」，法古的學說是「足以亡種之禍者」……這種反傳統的輿論到陳獨秀那裏為一個高潮，在章士釗和陳獨秀等人創辦的《國民日日報》（一九〇三年）上，出現了較為激烈的反傳統的文章，比如在〈箴奴隸〉一文中說，當時的中國人不啻為奴隸。理由是「感受了三千年奴隸之歷史，薰染數千載奴隸之風俗，只領無數輩奴隸之教育，揣摩千載奴隸之學派，子復生子，孫復生孫，謬種流傳，演成根性。」甚至指責中國三千年來的歷史是「獨夫民賊」的「專制」。風俗是「綱常主義」，「崇拜偶像」。在另一篇〈道統辨〉的文章中，責咎「中國腐儒」「謬於道統」，強說「天不變，道亦不變」，最後，文章歸結說「孔子之道乃封建時代之道」，「不適用於今世者」。

這種影響也波及到了海外的華人報刊，現在海外的辛亥革命時期的革命刊比較少見，但是在有限的資料中仍然發現了不少反傳統的文字。比如在《越報》（一九〇九年）一篇名為〈名說〉的文章，亟陳儒家的綱常名教是「惑亂斯民」，「深錮人心而牢不可破」，文章指出「欲謀今日之中國，必先滌盡舊日之陳朽，以改易社會之觀念」，莫「區區為腐儒陋說所惑」。《河南雜誌》（一九〇七年）上刊登了〈無聖論〉及〈開通學術議〉，都是以抨擊以儒家為首的傳統舊思想，指聖人是中國不可思議的怪物，難怪「吾國士夫素崇孔子，莫敢懷疑，故數千年來思想滯閡不進，學術凌遲，至不可救。」辛亥革命後期最重要的報紙《民籲報》、《民立報》以及《中華新報》等報刊，也都登有不少反孔儒的思想言論。《民籲報》上登有帝召寫的〈孔子秋祭之感想〉，說中國「歷千載而無進取，孔氏之罪也」。[3]反傳統的呼聲一直延續到五四新文化運動，其中最著名的就是被胡適譽為「四川省只手打孔家店的老英雄」吳虞，吳虞「非孔非孝」的思想早在一九一〇年就開始孕育，但是真正讓他暴得大名並讓這一思想引起世人的廣泛注意還得從之後出版的《新青年》說起，一九一五年九月，由日本回國的陳獨秀創辦《青年雜誌》，也就是後來名震全國的《新青年》雜誌，吳虞很快就成為《新青年》的熱心讀者。一九一六年十二月三日，他鄭重提筆給陳獨秀寫下一封長信，還隨信寄去〈家族制度為專制主義之根據論〉、〈禮論〉等非儒反孔文章「以求印證」。一九一七年一月一日，陳獨秀在《新青年》二卷五號〈通信〉欄中公開發表吳虞〈致陳獨秀書〉，同時發表自己的回信〈答吳又陵〉，說是：「無論何種學派，均不能定為一尊，以阻礙思想文化之自由發展。況儒術孔道，非無優點，而缺點則正多……此不攻破，吾國之政治、法律、社會道德，俱無由出黑暗而入光明。」

吳虞從此一夜成名，名動海內外。此後的吳虞和《新青年》的聯繫越發緊密，由於陳獨秀的支持，他的幾篇重要論文：〈家族制度為專制主義之根據論〉、〈禮論〉、〈儒家主張階級制度之害〉、〈儒家大同主義本於老子說〉、〈讀荀子書後〉、〈消極革命之老莊〉，於一九一七年一月至七月在《新青年》雜誌連續發表了，在社會上引起極大的反響。在五四運動高潮期間，他又一次向封建的禮教思想進行了猛烈的抨擊。一九一九年《新青年》第六卷第六號發表了他的〈吃人與禮教〉，同魯迅先生的〈狂人日記〉一起，在社會上產生了空前的影響。「吃人的禮教」成為當時進步青年反對封建舊道德的重要戰鬥口號，「吃人的禮教」也成為近代文化史上的一個慣常用語。

以上辛亥革命到五四新文化之間的這些反傳統的思想言論，與李宗吾在〈我對聖人之懷疑〉中的表述，可以看出李宗吾所受的影響是顯而易見的。最直接的證據就是上面所提《越報》（一九〇九年）那篇名為〈名說〉的文章，署名鐵厓，其作者，便是李宗吾早期交往最為頻繁的雷鐵厓。[4]同是四川人的吳虞的文章，大概也會落入李宗吾的視野。不過在當時眾多反傳統的喧嘩之中，包含了太多的政治訴求和目的，與之相比起來，李宗吾的聲音保持了一種相當理性和學術眼光。也許恰恰是這一點，李宗吾的聲音反倒顯得比較微弱。在這樣的背景下，李宗吾選擇了一九二七年這樣一個年份，發表了〈我對聖人之懷疑〉，這時，轟轟烈烈的五四新文化運動已經過去了八年，在學術界內，一個新的古史辨派已經崛起了。

注釋

【1】李宗吾：〈我對聖人之懷疑〉，轉引自《李宗吾雜文經典全集》，頁二四，長春，時代文藝出版社，二〇〇三。

【2】陳萬雄：《五四新文化的流源》，頁一一七，北京，生活·讀書·新知三聯書店，一九九七。

【3】以上清末反傳統言論均轉引自陳萬雄：《五四新文化的流源》。

【4】參見《雷鐵厓集》，唐文權編，武昌，華中師範大學出版社。

第三部

教育經歷及思想

第十二章　涉身教育，李宗吾思想轉變的關鍵點

在李宗吾的一生中，涉身教育是濃墨重彩的一部份。而且在投身教育的過程中，據陳思遜先生整理的〈李宗吾年譜簡編〉記載，李宗吾在一九〇八至一九一八年幾年內的教育活動大致如下：「一九〇八年，在家鄉富順中學任教習，同學王簡恆任校長，廖緒初任縣視學，謝綬青同任教習。一九〇九年，王簡恆辭職，宗吾接任富順中學校長。一九一一年，被四川提學司調任為小學檢定員，因四川爆發保路運動，宗吾在去雙流縣檢查工作時遇阻，回成都不久，即返回故鄉。後任自貢地方議事會學務科長，力主多建新學校。一九一四年，出任富順縣視學，隨後調任省立第二中學（今江油市中學）校長。一九一五年—一九一八年，任四川省視學。」[1]

其實李宗吾第一次涉身教育的年份要更早一些，在科舉沒有廢除的一九〇四年，李宗吾已經在教育上進行實踐了，雖然當時還說不上是在實踐他的教育思想。一九〇四年，李宗吾曾經和他的一班同學，創辦了敘府中學。那段經歷大致是這樣的：

一九〇三年底，二十多名敘州學子來成都求學無門，困於旅店。王簡恆以「十年樹木，百年樹人」之心與當時同學李宗吾、鐘永光、陳大鴻、濮志和、趙增賢、胡文英、陳全性、張培爵、蔡克庸、謝

廷勳、鍾書、何正元、楊澍、王奎光、雷昭仁謀建一校。他們共湊得款十七個銀元。為了新學的課程安排，他們還相約了東文學堂的鄧奠坤、張智民、楊芷沅，軍醫學堂的王克成，武備學堂的曾鵬程等組建敘屬旅省同鄉會，首推陳全性為會長。

他們在得到四川通省大學堂總理（校長）胡峻贊許之後，允予援助，並開先例：准許他們輪流出外義務任教，不算缺席。隨著辦學規模的擴大，更多的高等學堂的學子加入了義務教學的行列。同時為瞭解決缺乏教師、教具的難題，他們先在陝西街的茶館上課，學生多了，又用捐贈資金租賃北巷子安排兩個教室。儀器、標本、教具除高等學堂無償借用外，成都府中學堂（石室中學當時的校名）也提供不少幫助。為瞭解決經費，發起人全盡義務，外聘教員也只領半薪。廖澤寬、濮志和、雷昭仁等還多次典當或變賣自己的私人物品來維持學校的正常運行。

試辦一學期後，師生都很滿意。決定正式興辦學校。報請清政府備案，取名敘府公立中學堂（成都列五中學最初校名），主要招收敘府十三個縣的子弟（後來擴大到其他一些縣）。

一九〇五年遷大壩巷，陳全性病逝，公推張培爵（字列五）為會長，學校聲譽日高。這時，敘州知府文煥到校視察。文是雷昭仁的知師，雷向文陳述敘校只有臨時捐助，缺乏固定經費。文承諾通知各縣按期撥付辦學款。從此，每到年終期末，張培爵和廖澤寬就結伴而行，為湊集辦學資金跋山涉水，風餐露宿。他倆也成為莫逆之交。隆昌舉人郭書池當時就捐贈二百銀元，使得學校遷移到辦學條件更好的北巷子去。

一九〇六年郭書池來成都，見敘校教師志堅行苦，敘校日新月異發展，頗感欣慰。決定把自己在家鄉隆昌興辦的知恥中學搬遷到成都與敘校合併。並決定再捐贈三千銀元購買馬鎮街十四畝土地作為新校址。當年夏季，已在知恥中學任教的黃肅方、陳道循等一道來到敘校。而黃和陳都是同盟會會員，受孫中山的派遣，從日本回國從事反帝反清革命活動。他們的到來，猶如一個火種引燃了一團熊熊的烈火，使剛剛誕生的敘校成為四川辛亥革命的策源地。敘府公立中學堂至今存在於四川成都，現以更名為四川省成都列五中學。在新民主主義革命時期，學校薈萃了一批以中共川西特委軍委委員車耀先、著名教育家葉聖陶、世界和平理事會主席文幼章為代表的地下黨員、進步人士和良師名人。李宗吾涉身教育的這段經歷對於李宗吾來說極為重要，他的思想正是在與當時那批投身革命的同學的相互交流中激發出來的（這在前面第五章〈李宗吾的早期交往〉中曾經提及），同時也為他後來涉身教育埋下了伏筆。

作為辛亥革命中頗為重要的一分子（之所以說頗為重要，是因為李宗吾的兩個同學——雷鐵厓、張列五——一個為孫中山的秘書，另一個則為四川革命黨領袖），為什麼從轟轟烈烈的革命洪流裏抽身而出，轉身投入教育，從李宗吾的思想軌跡來看，這種轉變絕非偶然。筆者在此試作粗淺的分析，從文字材料來看，李宗吾傾向革命的思想一直持續到清末截至於民初，還拿李宗吾在教育方面的經歷來分析，一九〇五年，清廷廢除科舉，當時只是一個普通儒生的李宗吾，在他的《厚黑叢話》中曾經對此記載道：「我從前被八股束縛久了，一聽見廢舉，興學堂，喜歡極了，把家中所有四書五經，與夫詩文集等等，一火而焚之。」[2]這也是在李宗吾的著述中發現的最早與教育有關文字的記載。那時候的李宗吾，還是傾向於除舊佈新，及至後來他寫〈考試制之商榷〉的時候，已經轉向「往後看」，開始在科舉考試的模式裏尋找資源了。李宗吾曾經在《厚黑叢話》中屢次提到八股文，並且持褒獎太多，也是他往後轉的表現。何至於此，筆者認為，有一件事對於李宗吾起了重要的影響——那就是李宗吾曾經親身目睹的四川保路運動，這次運動也被視為是辛亥革命的導火線。

一九一一年，李宗吾正在擔任四川小學檢定員，同任者李古香由伯芬二人，也是李宗吾的同學。他們檢定完成都華陽二縣時，鐵路風潮爆發。三人到雙流縣去檢定時，正遇著「保路同志會」在圍城，李宗吾三人不能進城，就折返成都去了。當時總督趙爾豐逮捕了與保路有關的士紳，張瀾即在那次運動中入獄。此舉激怒了全四川的革命黨，於是張列五謝慧生楊庶堪等人率領黨人在重慶揭竿而起，於十月初二宣佈獨立。十月初七，成都回應，推蒲殿俊為四川都督。十八日成都兵變，「全城秩序，非常之亂」，楊莘友出任巡警總監，「捉著擾亂治安的人，就地正法，出的告示，模仿張獻忠七殺碑的筆調，連書斬斬斬，大得一般人歡迎。全城男女長幼，提及楊總監之名，歌頌不已。後來秩序稍定，他發表了一篇〈楊維（莘友名）之宣言〉，說今後當行開明專制，於是物議沸騰，報章上指責他，省議會也糾舉他，說：『而今是共和時代，豈能再用專制手段！』」[3]無獨有偶，這位楊莘友也是李宗吾在高等學堂的同學，成都兵變時發生的這一切，李宗吾是親眼目睹。其中充滿暴力的種種手段，對李宗吾產生了刺激。從李宗吾的早年經歷上來看，李宗吾在氣質上是一個比較溫和的人，對於暴力，他無疑是不認同，尤其重要的時候，李宗吾當時已經認識到當時的革命，也無非是用一種專制結束另外之一種專制，這一點才是讓他對於革命心灰意冷的重要原因。對於這一點，李宗吾自己怎麼說顯然更有說服力。在李宗吾關於楊莘友的敘述中，李宗吾說得「大得一般人歡迎」是句值得玩味的話，大得一般人歡迎，那李宗吾是什麼態度？果然，李宗吾接下來就說到了自己的觀點：「……莘友從前用的手段，純是野蠻專制，後來改行開明專制，在莘友算是進化了……」[4]在張默生的《厚黑教主李宗吾傳》中說到這段歷史的時候，張默生寫道：「他雖然是同盟會的同志，卻未參加實際工作，他見革命大業即已告成，許多同志好友，亦各膺重任，他便偷偷的回自流井去了。」[5]這句話也是值得再三玩味的，前面我曾經說過，張默生與李宗吾有過許多接觸，張的《厚黑教主李宗吾傳》很多來自於李宗吾的口述。這段話值得玩味之處就在於，當時革命黨中眾多的中堅分子都是李宗吾的早年或者在四川高等學堂時的同學，李宗吾並非沒有參與實際工作的機會，他何以沒有參加？革命功成，百廢待興，他何以「偷偷的回到自流井去了」？所以筆者猜測，至少在此時或者在此之前，李宗吾已經對於「革命」有了自己的「不合時宜」的看法。筆者在第八章說李宗吾的思想與孫中山的思想也起了衝突，也是緣於這一點。從氣質上來說，李宗吾並非是一個適合「革命」的人，而他的革命傾向，也是在與眾多同學朝夕砥礪中衍生出來的，這種思想在李宗吾來說是「變態」而非「常態」，一旦環境發生了變化，李宗吾就會恢復「常態」，關於這一點，李宗吾在《心理與力學》中的一段話可以作為注腳：「人人有一心，即人人有一力，一人之力，不敵眾人之力，群眾動作，身入其中，我一己之力，被眾人之力相推相蕩，不知不覺，隨同動作，以眾人的意識為意識，眾人的情感為情感，自己的腦筋，就完全失去自主的能力了。」【6】因此，也可以說，李宗吾的革命思想，不過是「一人之力，不敵眾人之力」的結果。

注釋

【1】陳思遜：〈李宗吾年譜〉載《李宗吾研究》創刊號 自貢市李宗吾學術研究會，四川，二〇〇四。

【2】李宗吾：《厚黑叢話》載成都《華西日報》民國二十四年九月一日至九月三十日。

【3】【4】李宗吾：《厚黑叢話》載成都《華西日報》民國二十四年八月一日至八月三十一日。

【5】張默生：《厚黑教主李宗吾傳》，頁一五〇，北京，團結出版社，一九九五。

【6】李宗吾：《心理與力學》，轉引自《李宗吾雜文經典全集》，頁二二四，長春，時代文藝出版社，二〇〇三。

第十三章　涉身教育之吊打校長的奇案

李宗吾涉身教育的經歷，不僅是李宗吾思想轉變的關鍵所在，而且還充滿傳奇色彩。其中一件就是吊打校長的奇案，另外一件則是李宗吾因為堅持考試制度被學生毆打。

關於吊打校長的奇案，是在民國十年（一九二一年），李宗吾再任省視學時碰到的一次學潮案。李宗吾奉命徹查，張默生在《厚黑教主李宗吾傳》中說：「那個案件是四川混亂局面中教育上的重要文獻，可以反映當時的社會動態」。並且記錄甚詳。本章的敘述，主要來源於張默生的《厚黑教主李宗吾傳》。

自辛亥革命以來，軍政局面極端混亂，大小官吏以及各校校長的委任權力，並不完全操縱在諸省當局手裏，比如省立學校的校長，駐軍可以委任，道尹可以委任，甚至縣長也可以委任。四川的情形，便是如此。張默生說「那個案件是四川混亂局面中教育上的重要文獻，可以反映當時的社會動態」針對的就是這樣的局面。

所謂「吊打校長的奇案」案情基本是這樣的：川北遂寧省立第三師範校長王某，奉命到校接事，結果被學生痛打一頓禁閉起來，接著又倒吊起來，再打一頓。於是一場波瀾由此掀起。案件中那位被禁閉被吊打的王校長，是由嘉陵道尹黃肅方委任的。這位王某到校被打挨關之後，當時遂寧縣知事隨即到學校干涉，責備學生說：「新校長來接事，你們不要他接也罷，為什麼不放他出來呢？」學生們對之說：「校中沒有所謂新校長，只來一個偷兒，已經被我們捉住，隨後即與知事送去。」當時那位王校長就被拘禁在會客室的隔壁，聽見知事說話就想呼喊，看守他的學生把木棒舉起來說：「你喊，立刻把你打死！」知事無功而返之後，又請各機關首長前往學校請把校長釋放，學生不允。知事無奈只好電呈道尹，道尹立即覆電命知事率隊入校，救出校長。沒想到覆電一到縣裏，就被校方探知，把校中的木棒啞鈴以及練習兵操的廢槍一齊搜集起來，準備應戰。

第二天，知事的隊伍一到，學生便拿起木棒啞鈴一齊打了上去，隊丁隨即用槍筒還擊。由於學生中有人搶奪隊丁的槍並開槍射擊，引發雙方負傷多人，知事只好下令退兵，並把雙方負傷人員抬至醫院。學生們見有同學受傷，又把王校長拖出來，指著他說：「因為你要做校長，才鬧得這樣！」接著用袍哥的話說：「拿來把他稱起來！」（注：稱起來：四川話，吊起來的意思）隨即把王校長反縛兩手，從背後吊起之後又打一頓，打後重行禁閉。隨後把守校門，斷絕交通，教職員一律禁止外出，延至半下午，遂寧各機關不得消息，恐怕校長有生命危險，不得不請出當地駐軍司令營救，駐軍司令帶隊進入學校，聲言非將校長交出不可，學生才不得不把校長交出。

學生雖然交出校長，但是隨後便致公函給駐軍司令，公函說：「王某來校接事，因為聲望不孚，我們否認他，他跑到知事衙門住了許久，慫恿知事率隊來校，槍傷多人，我等義憤填膺，奮不顧身，立即將王某當場捕獲，茲特送交貴司令，請予從嚴懲辦。」學生的手段尚不止此，王校長第一次被打時，他的私章被學生搜去，並替他撰一電文，電文曰：「某讀書有年，粗知自愛，校長不當，何關榮辱？不謂知事積恨學生，率隊到校，槍傷多人。特電聲明，用免牽累。」學生們把此電呈報校長上峰，並通電各處，搞得軍政各機關及社會人士一時不知莫名。同時學生還挾迫該校教員、遂寧高等小學的校長鄔某領銜以學校教職員名義向社會各界發出通電，大意是說：王校長如何卑污，黃道尹如何違法，某知事人很蠻橫，學生如何受委屈，我輩旁觀者清，義難坐視，特將真相陳明，以彰公道。當時成渝兩地報紙對於這次學潮均有記載，大旨與教職員所發通電相同。當時四川省長楊庶堪在野，由政務廳長向楚暫代，但是不能對外發佈命令，遇有非辦不可的案件，則發快郵代電。此次學潮經此淆亂，省議會提案彈劾黃肅方，並派代表質問政務廳長向楚：學生受此冤屈，為何置之不理？京滬同鄉會也去電質問黃肅方，並要求速將某知事以及王校長送交法庭懲辦，否則就要宣佈黃的罪狀於全國。當時重慶又成立各軍聯合辦事處，主持川政，學生又分派代表赴成渝兩地呼籲。此次風潮發生之時，李宗吾正賦閒在家鑽研他的厚黑理論，不成想省方竟然委任他為省視學，於是這件紛如亂絲的案子就落到這位厚黑教主頭上了。

李宗吾任職之後，時任省署教育科長曾浴春立即對他說：「省立三師的風潮，黃道尹和王校長時時有文電來省，牛頭不對馬面，真相不知如何，此案已委黃道尹查辦，你於查學之便，不妨去調查一下。」於是李宗吾出省城視學直奔遂寧，半路即被學生迎進學校，幾近軟禁。當時校長已經陷入一種由學生把持的狀態，他們成立一個自治會，主持全校事務。校長職員，一律隸屬自治會之下，教職員進出，非向自治會請假得允，否則不許外出。李宗吾到校之後，即有教職員、學生輪流訴說當局如何黑暗，學生如何受委屈等等。遂寧知事當時已經被重慶聯合辦事處撤任查辦，尚住在縣署裏，聽說李宗吾來查案，也命人帶過話來：「明早定準起身赴重慶，請今晚到署一談。」李宗吾因為時間已晚，恐怕回來時學校關門，所以答復明天早上過去。

第二天早起，李宗吾還沒有來得及去會縣知事，學生即派代表來說：「我們開歡迎會，請先生去一下。」李宗吾起初只想查案，不想牽扯太多，所以說：「查學是我的職務，不能說歡迎才查，此種會我不能到。」學生又以有話陳述為藉口要李宗吾過去。李宗吾去後，學生又將以前所說的受的冤屈種種訴說一遍。李宗吾到了這時也不得不見什麼人說什麼話，當即就說：「你們既是這樣說，我就照這幾點查去，將來自有正當解決，此時照常上課就是了。」此後學校才開始恢復秩序，學生們開始回到課堂上課。

李宗吾隨即趕到縣公署去會知事。此時知事已經離開，新任趙知事告知舊任已經上船，此時趕去還能會面。李宗吾追上舊任，舊任知事對於此時給自己辯誣一番：「我的隊丁受傷若干人，學生只是有一人是槍傷，餘均木器傷，這是混打之際，學生開槍誤傷自己人，反誣我的隊丁開槍，因受撤任處分，我當赴重慶申訴。」李宗吾感到詫異：「據我所聞學生打校長是實，開槍則是隊丁，學生哪有槍來？」知事回答：「有外國醫生可證，醫院傷單注明是土炮傷，縣公署哪得有土炮？我已把傷單取下，帶到重慶與學校打官司就是了。」

李宗吾隨即趕回縣署，對新任知事說：「此案太離奇了！此事本是委黃道尹查辦，但黃道尹已被學生攻擊得體無完膚，將來不是委省視學複查，即委新知事複查，抑或雙方會查，都說不定。學生方面太厲害了！查此案者一定不會得好結果；但我總是抱定排難解紛的宗旨做去，結果好壞，聽之而已。此時我們可先結一密約：關於此案要點，我們即可著手去查，將來委我二人會查不說了，如單委你查，你的覆文中即書明我是證人，如單委我查，我的覆文中即書明你是證人。此事舊知事如何說，我們可到醫院查去。」新知事答應之後，兩人同赴醫院。據外國醫生說：「學生隊丁抬入醫院的有若干人，均係木器傷，輕重不等，惟有一學生的腳上，受了子彈的擦傷。」李宗吾問：「為何傷單上填為土炮？」醫生說：「並無此事。」遂入房中，取出英文傷單，解釋給李宗吾及新任知事。李宗吾聽了大奇：「除了這傷單外，曾否有中文傷單，或英文傷單，交與看護婦或貼在病人室中？」答：「只寫此一張存在我的房中。」李宗吾又問：「舊知事曾來過醫院嗎？」答：「不曾來。」李宗吾再問：「縣署曾派人來詢問過嗎？」答：「亦不曾派人來。」經過這樣一番盤問，李宗吾心理大致有了一個條理，隨後和新任知事分手回校。

不想到了第三天，李宗吾竟幾乎遭打。那天，學生請李宗吾上講堂，問他查得的情形如何，並且要求將來李宗吾回覆的呈文，要經他們看過之後才能發出。李宗吾不允，說：「我們查案子的人，政府授予全權，如果查報不實，你們可以依法起訴，在未呈覆以前，慢說學生不能過問，就是省長也不能過問，他委我出來查案，我查錯了，可以撤職，可以交法庭，可以判坐監獄，獨不能先把呈稿給他看，再發下來命我繕呈。」學生頓時一片譁然：「那倒不行！我們受此冤屈，業已對你說得明明白白，一切證據，也都檢與你看了，你還說未查明白，這是顯然袒護王某！呈文不經我們看過，由你呈覆上去，我們的冤還能申嗎？今天非說清楚不可！」接著學生紛紛起來喊道：「那不行！那不行！」李宗吾見當時情勢，學生就要動武，隨即說：「你們的意思，我完全瞭解，權且坐下聽我說。」

李宗吾接著對全體學生說：「此案有兩個要點：（一）你們說知事開槍，知事說你們開槍。（二）王某說你們打了他，你們說沒有打他。只要這兩點查明，全案就算解決，其他皆是閒話，可以不管。」李宗吾又把如何和趙知事結約，舊任知事如何說，外國醫生如何說向學生陳述一番，然後說：「足見知事開槍是事實，第一點總算是已經查明。只有第二點，我同趙知事查明後再商量如何解決，總是朝著息事寧人的方面做去。至於今日你們疑我的原因，我也知道，我在校中查寢室、查自習室、查講堂，事事都查，獨於有個受傷的學生臥病在床，我沒有去看，隊丁開槍，校門上有子彈孔，也未去看，你們因疑我袒護王某。殊不知二者我都是清清楚楚的，校門上那個子彈孔，外面入口小，內面出口大，足證隊丁向內射擊，我業已看見了的。其所以未請校中人領導去看者，也有個原因：我即同趙知事結有密約，關於暗中要點，即當共同負責，我即去拜見了他，他也應來回拜我，我等他來時，才請校中人領導去共同查看，共同判斷。今日你們既有疑於我，我也不必多說，你們可派人拿我的名片去請趙知事來，讓他徑上講堂，請他把我和他談的密話和到醫院查明的情形，向你們宣佈就是了。」說完這番話，李宗吾轉身退出講堂。

隨即不久趙知事就被學生請了過來。李宗吾讓趙知事把他在縣署與趙知事說的那番話以及同去醫院查探的情形向學生們講述一遍。趙知事講完之後，李宗吾又特別問道：「當日我對你說查辦此案應抱何種宗旨？」趙知事說：「你說應抱排難解紛的宗旨。」李宗吾轉過身來對學生們說：「現在你們可明白了，難道我還有意陷害你們嗎？本來我們查案的人，不應該將內容宣佈出來，因為你們既有疑於我，也不妨暫把查明的這一半告訴你們，其餘的一半，我再同知事會查，你們不必過問，此案既委黃道尹查辦，我們不能從他手中抓過來辦，此時總是將事實查明，隨後再說好了。我要忠告你們幾句話：此事鬧得這樣大，總要想個解決的法子，我同趙知事既抱定排難解紛的宗旨而來，除了我二人，恐怕別人解決不了，你們總是安心上課，聽候辦理就是了。」李宗吾這番話說得不卑不亢又恩威並施，學生們一時不敢發難。

不但如此，學生們從那以後還跟李宗吾親善起來，並且向他道歉說：「我們不知先生這樣愛護學生，語言冒犯，要先生原諒！」李宗吾過去辦過教育，自然知道學生們的心態，他說：「這算什麼，怎說得上冒犯二字？我從前辦學校，那些學生鬧起事來，再三開導都不聽，哪能像你們一說就明白。」三師的經費，當時是按月在遂寧徵收局撥領，風潮起後，黃肅方電飭徵收局停發。李宗吾和趙知事合銜，請黃肅方轉令照常發給，學生們對於李宗吾自然又多了一份感激。

李宗吾初到校時，學生以及學校職員對他戒心甚大。每次請監學來說話，監學來二人，同時必伴有兩個教員，李宗吾最初不明就裏。後來有人告訴他說，學校裏一切辦法都是佈置好了的，省視學如何問，他們如何答，教職員為了避嫌，怕人說私見省視學說出實情，所以一來就是四人。李宗吾知道這種情況後，心想：「你們要避嫌，我偏要你們避不了。」從那以後，李宗吾每日查學回來，就同教職員談天，幾個人在一處時他也去，一個人在房內他也去。有時候就在教職員的寢室裏，拿本書看，教員去上課，他就蒙頭睡一覺。有時候也跑到學生的寢息室，東談西談，一大群學生他也去，一個學生他也去。沒有多久，李宗吾跟學生教職員開始相忘無形，無論教員學生也能單獨到他的室中去聊天了。聊天時，李宗吾會說一些類似厚黑學的怪話，讓學生和教職員覺得這位省視學大人很隨和，沒有架子，也樂得跟他來往。但是李宗吾也不單單是同學生聊天，畢竟是辦過教育的人，他在三師期間也曾經整飭學風，開除了兩名不守紀律的學生。沒有多久，這個案子就被李宗吾查得一清二楚了。

風潮的發生說來非常複雜，簡單說來就是亂局中的人事利益糾葛，但是又沒有制度可以遵循，一直鬧出這樣一場吊打校長的奇案。這場奇案中牽涉到的各人的情況，在張默生的《厚黑教主李宗吾傳》中因為與主題無涉或是李宗吾口述時沒有說清，以甲乙丙代之，若是做「繡花針」的功夫，原本應考據一番，不過，其中人物，與本書主旨並無大涉，所以援引張默生舊說。此次風潮的主要人物某甲，最初是遂寧三師的校長，李宗吾到遂寧三師的時候，某甲親口對李宗吾說：「我當此校校長時，有同學（某乙）窮途流落，他來見我，身上只穿單衣一件，我即留他作教務，他辦事也很認真，他要嫁女，我借錢給他，並聘他的女婿作教員，薦他的女兒任遂寧女校校長，又聘他的兒子來校做事，我之對他，可謂仁至義盡。後來川省政變，軍界某公之重慶，由遂寧經過，我的那位同學即竭力鑽營，某公遂委他做校長，來接我的事，我不交，他又串通一些兵來，把我弄去看管，甚至毆辱我，力逼我把事交了。學生不直他的作為，驅他出校，才生出種種風潮。」李宗吾到校時，某乙已去他處，如果在的話，則不知道某乙又是怎樣一套說辭了。某乙接事之後，即聘某丙為教務，不成想某丙也想當校長，學生就鬧起風潮，驅乙擁丙，省中無主，遂寧知事即委丙為校長。丙接事後，又聘甲為教務，甲尋報復，對乙通加攻擊，說他交代不清。但是某乙也不是省油的燈，雙方於是大起衝突。民初亂政，教育局面也甚為混亂，可以比較的就是清華大學，清華的羅隆基：「九年清華，三趕校長」，喬萬選、羅家倫都曾經遭遇過這樣的待遇，如出一轍，可見不是個別現象。

三師的風潮鬧至此時，黃肅方委任王某為校長。那位王校長並未另約職員，只帶一庶務前來接事。某丙一見王的名片上赫然印著省立第三師範校長的頭銜，就大為詫異，便出來問道：「校長是我！怎麼是你？」王立即取出委任狀給某丙看，誰知丙並不買帳：「這是省立學校，怎麼道尹能委任校長？」王於是問：「你這個校長是哪裡委的？」丙說：「學校起了風潮，縣知事請我維護現狀，已經呈請上峰加委去了。」王問：「委狀到了嗎？」丙答稱：「尚未到。」王繼而質問：「然而你這個校長是縣知事委的！省立學校校長，道尹不能委，縣知事反能委嗎？」丙雖然答不上話，但是拒不交接。王一邊滯留遂寧，一邊與道尹黃肅方聯絡。其間某乙雖然去職，但仍在縣城，王與某乙一度晤面，三師於是風傳王已聘乙為教務。於是教職員學生大起恐慌，心想若乙回校，我們還了得嗎？這就是王校長挨打的根由所在了。王校長經過一番周折，終於到校接事。丙得知消息之後，竟帶著校印，率領全校學生出校旅行去了。等到王校長奉令借縣印入校視事，丙乃知大勢已去，獨自帶了校印奔往成都去了。全體學生則交給某甲及教職員率領回校。行至三里的廣德時，某甲集合學生發表演說，最後說：「你們一入校，抓住王某即打，打死了有我負責！」於是整隊回校，學生闖進辦公室，抓住王校長就打。此事後經縣知事電稟校長，於是發生槍傷學生事件。此案中的某甲才是關鍵人物，而挨打的王校長，不過是個冤大頭，該著他撞上了。

李宗吾查完此案離開三師，趕到遂寧縣署，召集各機關法團的人士，宣佈了事情真相，李宗吾說：「此案重要之點有二：前知事說學生開槍打隊丁是誣枉的，王校長說學生打了他是確實的。真相即是如此，學生反而電文紛馳，痛罵黃道尹，請嚴辦王校長，試問王校長能甘心嗎？黃道尹受得下這種侮辱嗎？此案肇事諸人，懲辦不懲辦，抑或辦輕半重，尚在其次，道理總要放端正。我主張把事實弄明白，在公事上我替學生說幾句好話，黃道尹王校長是我的老友，我以私人資格從中調停，我的呈文將來要披露，各位可以看得見，我是不欺哄人的。學生的種種證據，我都搜齊了，此時暫不宣佈，夥同動作的人，許多向我悔罪輸誠，並且出證明書叫我保存。請各位先生轉告他們，以後幹這類事，手段還要高明：第一，證據不要被人拿走；第二，自己的團體要結緊，不要中途解體。請他們安分守己，聽候解決，李省視學自可筆下超生。如果敢於捏造黑白，妄發文電，拿對付黃道尹王校長的手段對付我，我是不受的！」李宗吾在這裏既體現了省視學的威嚴和公正，又表示出了作為厚黑教主的老辣，否則在那時的亂局當中，學生們以及教職員還不知道使出什麼樣的手段來對付他。

隨後李宗吾離開遂寧，將此案真相上呈省府。開始敘述學生隊丁傷若干人，受傷情形如何，到醫院查得情形如何，校門上彈痕係由外入內，足知隊丁開槍是實。「現可考察者，一槍打得甚高，從校門上方穿入，一槍甚低，從學生膝下擦過，又知隊丁是開槍恐嚇。如果有意射擊，學生豈可幸全？……」敘述完事實之後，李宗吾附上個人意見說：「惟念青年俊秀，大都可造之材，一涉法庭，悔將莫及，務懇廳長商明黃道尹曲予矜全。但求曲直是非，昭然共喻，不必盡依刑律，嚴法相繩。他日者，該生學業有成，皆出廳長玉成之賜。倘該生等必欲顛倒是非，不承認有毆辱校長之事，即請將此案移交法庭，視學當親赴法庭與該生等對質，如有虛誣，甘受法律上之處分，無有異詞。」對於其他人，李宗吾則說：「某知事措置乖方，既已撤任，似可免於深究。校長丙抗不移交，釀成重變，推尋禍首，咎無可辭，惟該員由安岳徑赴成都，校中一再毆辱校長，實未與聞。王校長學識優良，經驗宏富，應請優先調用，俾展所長。校長一職，另簡賢員，用資整理。」李宗吾如此處理，一方面是想按照「法」的精神，照章辦事，另一方面，也是深知在混亂的時局當中，無法查辦徹底，於是在剛性的「法」的基礎之上開出了這樣一個富有彈性的「藥方」。

這樁吊打校長的奇案的最後結局也正像李宗吾建議的那樣，另委校長，令其查明行兇的學生。那位新任的校長到任後很快就了差，遞上了四個學生的名單，並呈說已經將四生勒令退學。這四位被勒令退學的學生，其中兩位就是李宗吾在三師查案時開除的學生，另外兩名，也是之前早已經被斥退的。在校的學生，無一人受到處查。這種態度，也是當時一般掌管者對待當局的常見辦法。

此案沒有徹查之時，報紙上的批評，省議員的質問，都說黃肅方王校長太野蠻，都替學生鳴不平。自省署接到李宗吾的呈文，抄付報館披露，社會人士才明白了此案真相。當時成都川報，對於李宗吾徹查此案都作為重要新聞加以報導。至此之後，吊打校長的風波才算是風平浪靜。

第十四章　涉身教育之李宗吾挨打

維新變法失敗之後，中國知識界發生了巨大的分野，一部分開始尋求暴力手段轉向革命，一部分繼續尋求溫和的手段轉向改良。在後面的一部分人之中，分化出了大部分報有教育救國理念的人士。中國的新教育就是這樣的背景之下，在短短的幾十年內發生了數次變革：一九〇二年制定但是卻沒有實施的壬寅學制為中國的新型學制的建立奠定了基礎，一九〇四年頒佈並實施的癸卯學制則宣告了延續了兩千多年的儒學教育體制的結束，之後又經歷了壬子學制（一九一二年）和壬子癸丑學制（一九一三年），一直到一九二二年，一批留美學生已經陸續回國並在教育界任職（以蔣夢麟為代表），使得美國教育模式在中國的影響越來越大。這種影響也體現在學制上，早在一九一七年，國內就有人提倡美國學制，一九一九年和一九二〇年的全國教育聯合會的兩屆年會都討論了學制改革，一九二二年出臺的「六三三學制」，也稱「新學制」或「壬戌學制」（中間雖歷經波折，但是一直延續）就是這種背景下產生。一九二二年的學制的主要缺點是「在移植美國學制上脫離了當時中國的實際，因而在實行中困難很大。」（《簡明中國教育史》，王炳照等編，北京師範大學出版社一九九四年版）那一年，李宗吾正同四川省視學遊子九奉命赴各省考察教育，針對當時教育的現狀，李宗吾提出了自己的見解，即實行考試制，以救其弊。關於這一點，在孫柏蔚的遺作〈記李宗吾〉中也有一段記載：「甲寅乙卯（即一九一四、一九一五年，筆者注）以後，宗吾任四川教育廳督學（當時稱省視學）。鑒於中等教育的品質低劣，各校的成績率多虛報。他建議中學應屆畢業生除了學校考試外，廳裏應派督學復試，以核實成績」。一九二三年下學期，成都召開「新學制會議」，這是對一九二二年九月教育部召開的全國學制會議的相應，在那次會議上，李宗吾同幾位省視學以及會員多人，提出考試案，開會討論，卻沒有通過。會後，李宗吾單獨上呈一文，主張各校學生畢業，應由政府委員考試，這就是十年之後（一九三三年）教育部頒令全國的會考制度的發端[1]。李宗吾在呈文中列舉理由十六項，並請在原籍富順試辦，經省署核准，委他為主試委員，於一九二四年（民國十三年）暑假進行，後來推行於川南各縣。並由此引發了一樁李宗吾挨打的故事。

對於李宗吾這次挨打的經歷，曾經寫過〈劉文彩真相〉的我的朋友笑蜀先生在進行劉文彩的研究中，順帶勾連出了李宗吾的挨打的詳細經過。據張默生在《厚黑教主李宗吾傳》中記載：自民國十六年至二十三年，李宗吾先後充任劉文輝劉湘部中顧問及編纂委員。李宗吾在當時最具勢力的二劉軍閥幕府中到底充當了什麼樣的角色現在已經無從查考，不過有一點可以肯定，在出任二劉智囊之前，他與劉氏家族已有交往。李宗吾提出考試制時，全國各地學生正在積極醞釀廢除考試，教育界同行對此也漠視不理，成都召開的「新學制會議」更是直截了當的否決了全面推行考試制的提案。失望之餘，李宗吾轉向了遊說實力軍人劉文輝，幻想借助實力軍人的權杖，為考試制殺出一條生路。

一九二四年，在劉文輝大力支持下，考試制在川南各縣施行。這年暑假，李宗吾從成都趕到川南重鎮——劉文輝、劉文彩兄弟的臥榻敘府（今宜賓市），親自主持敘府最高學府——敘府聯立中學的期末考試。

「醉裏挑燈看劍，夢回吹角連營。」現在終於可以沙場秋點兵，李宗吾不免意氣風發。自恃「尚方寶劍」在手，完全撇開了校方，一切自做主張，對考生不稍姑息。考生在突然襲擊之下考了個一塌糊塗，自然是怨氣沖天；校方大權旁落，對李宗吾自然也要側目。

四面樹敵，李宗吾卻是無所畏懼。

一九二五年冬，他又昂首挺胸地來到了敘府，主持敘府聯立中學的畢業考試。

前度「劉郎」今又來，這馬上轟動了聯中校園。李宗吾所到之處，常有學生在背後指指點點，冷言冷語。李宗吾便向校方大發了一通脾氣，說聯中學風太囂張，非好好整治不可。監學查鳴皋、古文伯和多數教員，也被他連帶著教訓了一通。為了兌現「整治」，李宗吾制定了極為嚴格的考規。各種試題，必須由他核實；各班複習，不許提示考試範圍。臨考前又宣佈：不許夥帶傳遞，不許交頭接耳，違者，該科成績以零分計，不得畢業。考生們隔離編號，相互間隔三四尺。除監考老師外，還請來敘府學界的頭頭腦腦，如宜賓縣督學、宜賓縣教育局局長，在考場中穿梭般來回監視。造成大兵壓境的陣勢，令考生和校方緊張萬分。

這屆畢業的是十六、十七兩個班共計一百五六十人，第一場考植物，不僅題量大、而且刁鑽占怪。四道大題都是必作，內容涵蓋四年所學的動物、植物、礦石、生理衛生等全部課程。這些課程考生們都視為冷門，平時不甚在意。同時天長日久，學過的許多東西都還給了老師。倉促之下，哪揀得起來，一個個急得抓耳撓腮。第一場考下來，大多數考生都沒有及格的把握。便有吳中儒、劉家權、周鴻義、劉義民等登高疾呼：趕走李宗吾！考生群起響應。一場學潮已是呼之欲出。

考生們議定之後，曾派代表到校長辦公室請願。出面接待考生代表的是遭李宗吾當眾訓斥過的監學查鳴皋。查鳴皋對考生代表的要求未置可否，實則等於默認。校方如此態度，考生們也就肆無忌憚了。李宗吾成了「獨夫民賊」。

李宗吾卻是毫無覺察，依然我行我素。第二場考英語，考生們防不勝防。沒有及格希望的考生又占大多數。眼看文憑就要從手中滑掉，學費等於白交，考生們憂心如焚，對李宗吾更是恨之入骨。

學潮終於不可遏止地爆發了。

考英語的當天晚上，滅燈號吹響不久，一股人流從聯中本部湧出，悄無聲息地向設於宜賓東街文廟後殿啟聖祠的聯中分校湧去，李宗吾就住在聯中分校，左右兩個大間，他住右房，他的四個轎夫住左房。

這天是臘月二十九，正當嚴寒，李宗吾和轎夫都早早地上了床。從聯中本部趕來的一百多名考生，或手持木棒，或扛著球竿，仍然是悄無聲息，將李宗吾住處團團圍住。見屋內漆黑，估計李宗吾已經入睡，就分兵兩路，左路對付轎夫，右路對付李宗吾。「左路軍」先上陣，搬來桌椅，將左房大門堵死，使轎夫無法出來為李宗吾援手。轎夫聽到響動，剛剛開門打探，迎頭一排棍棒。一個個嚇得直往被窩鑽，哼也不敢哼一聲。李宗吾失去援軍，右路就好下手了。一人將球竿從窗孔伸入，不小心戳翻了桌上的煤油燈，「嘔嘟」的響聲，把李宗吾從夢鄉中驚醒，大喝：「誰？！」考生們聽了大喜：果然是他。也不回答，破門而入。學潮領袖劉家權一馬當先，將昏頭昏腦的李宗吾從被窩中拎出來，拖到地上，考生們蜂擁而上，把李宗吾圍在核心，拳打腳踢。蚊帳衣物，也被憤怒的考生撕成碎片。李宗吾毫無招架之力，一迭聲地喊「救命」，同時雙手死死揪住「元兇」劉家權的衣領不放。好在不遠處有校工宿舍。騷動聲呼救聲驚動了校工。考生們見有校工向李宗吾住處趕來，不敢戀戰，紛紛擇路而逃。劉家權也想逃，卻被李宗吾纏住無法脫身。情急之下，在李宗吾胯下使勁一捏。李宗吾萬萬沒有料及，趕緊鬆手護私。劉家權趁機溜走。待校工趕到，室內只剩下一個渾身哆嗦的李宗吾，考生們蹤影全無。破衣爛布、木棒球竿丟了個滿地狼藉。

「欽差大臣」受辱挨打，劉文彩拍案而起，嚴令敘府聯立中學校長鄧迪齋限期破案。在劉文彩這也是不得已。一九二五年夏，乃弟劉文輝出任四川省軍務幫辦，移師成都，將敘府城防交給部將覃小樓，行政財政諸權則悉數移交原任敘府船捐局局長的劉文彩。劉文彩成了名副其實的「敘府王」。對乃弟派往敘府的「欽差大臣」李宗吾自然負有保護之責。如今李宗吾竟在他的臥榻「光榮負傷」，他可怎麼向乃弟劉文輝交代！劉文彩上了火，鄧迪齋也就不敢兒戲，當即派人給李宗吾驗傷。不過，雖然不敢兒戲，鄧迪齋也不會為李宗吾賣命。李宗吾與鄧迪齋本來交情不淺，兩人中學曾同窗數年。出於同窗之誼，鄧迪齋在李宗吾與劉氏兄弟之間聯絡，使李宗吾在走投無路之際得劉氏兄弟臂助，繼而可借敘府聯立中學為其「教育革命」的試驗田。鄧迪齋並非迂腐之輩，他能為李宗吾在劉氏兄弟面前說項，能接受李宗吾來聯立中學試驗，說明他至少不是李宗吾「教育革命」的反對派。但他對李宗吾也不是一點看法沒有。李宗吾不講策略，急於求成，行事極端，鄧迪齋本來就不以為然。更何況李宗吾「革命」革到了鄧迪齋的頭上。試想，聯立中學絕大多數學生拿不到畢業證，他這個當校長的怎麼向父老鄉親交代？所以，在一九二四年李宗吾主持敘府聯立中學期末考試之後，兩人的關係已經很微妙了。現在李宗吾到聯中殺「回馬槍」，學生的日子不好過，鄧迪齋的日子更難過——學生怪他「引狼入室」，李宗吾埋怨他配合不好——裏外不是人，鄧迪齋悔不當初・對李宗吾一肚子怨氣。李宗吾受辱挨打，在鄧迪齋看來便是咎由自取。況且兇手都是他的學生，一旦查出來，他這個當校長的也脫不了干係。所以在不抗命的前提下，他的辦案原則是能敷衍就敷衍。李宗吾天天找鄧迪齋要兇手。鄧迪齋卻一點口風不露，堅稱兇手是校外流氓，而與本校學生無涉。且凶案背景複雜，非二五日所能查清，勸李宗吾好好調養身體。緝凶之事，來日方長。李宗吾不得要領，忍無可忍，便到縣衙告狀。縣衙不敢不受理。縣長鄭之祥親自出馬，抓了幾個肇事學生，一一輪番審訊，追查主謀。但被捕學生早有思想準備，眾口一詞：一百多考生都是主謀。鄭之祥大怒，喝令衙役準備用刑。雖然是縣長下令，這刑也不是說上就能上的。一百多考生，出身貧寒的畢竟是少數，多數是富家子弟、官紳子弟，領頭的幾個，家庭背景更是深厚。孩子有難，家長豈會坐視！所以，這邊廂剛剛抓人，那邊廂就展開了緊張的遊說。而且出面遊說的是當地的頭面人物，如有「通天教主」之稱的敘府民團首領雷東垣。縣長不敢冒犯李宗吾，但又何嘗能開罪地方實力派！只得走折中路線，以被捕學生「年幼無知」為藉口，由家長具保出監，「嚴加管束」。訴諸法律，結果李宗吾仍舊大失所望。一怒之下，勒令聯中停止畢業考試，校長鄧迪齋聽候處分。自己則赴成都「上訪」，找劉文輝本人討說法。

李宗吾揚長而去，留下鄧迪齋提心吊膽。果然很快就有了說法：因劉文輝出面幹預，劉文彩不得不下令將心腹鄧迪齋「撤職查辦」。告別聯中的那天，鄧迪齋召集全校學生講話，痛哭流涕，大罵學生造次，累及自己。學生們則辯解說，都是李宗吾在聯中的好友、教員毋敘賓告密才牽連校長，否則，李宗吾何以得知凶案內情，又哪裏會死死揪住校長不放！毋敘賓可沒有李宗吾的政治背景，只好溜回家鄉，不敢再踏進聯中校門。罷免鄧迪齋的同時，劉文彩還下令通緝兇手。但緝凶之說，不過是表面文章——再無一人被捕。其實即便是罷免鄧迪齋，也只是虛晃一槍——一九二七年李宗吾出任劉文輝軍部的顧問官，鄧迪齋則在劉文彩大力保薦之下，東山再起，出任宜賓縣教育局局長，比當初任聯中校長更神氣。

但不管怎麼說，在李宗吾而言，總算有了個說法，自尊心得到了滿足。也就是說，對李宗吾，劉文輝畢竟給足了面子。李宗吾見好就收，敘府凶案就此落幕。

注釋

【1】一九三二年五月，國民政府教育部以「整齊小學、初級中學、高級中學普通科學生畢業程度及增進教學效率」的名義，公佈了《中小學畢業會考暫行規定》，規定各省市縣教育行政主管部門對所屬公立及已立案的私立中小學應屆畢業生，在經過所在學校考試合格後，實行會考。要求各科考試成績合格者始得畢業；一科或兩科不及格者，可復試一次，復試仍不及格者，可補習一年再參加該科考試一次；會考三科以上不及格者，應令其留級，亦以一次為限。由此開始了民國時期中小學生的畢業會考制度。

由於教育部關於畢業會考制度倉促實施，各地學校措手不及，加之學校教學品質確實也存在一些問題，當年參加會考考生不及格者居多，因而遭到多方面的反對，江蘇、湖南、綏遠、南京、廈門等省市先後出現請願、罷課的風潮，抵制會考，尤以安徽最為激烈，全省各中學公開反對會考，組織反會考大同盟，發出反會考宣言。為此，蔣介石下令責成省教育廳從嚴整飭，省政府下令撤換了大批中學校長，中學會考被強行實施。

針對實行的情況，教育部對會考規定也作了一些修整。一九三三年十二月，教育部公佈《中學畢業會考規程》，廢除小學生畢業會考。該《規程》規定：參加會考的學校應在會考前兩周結束畢業考試；取消體育會考；高中會考科目為公民、國文、算學、歷史、地理、物理、化學、生物學、外國語。初中會考科目為公民、國文、算學、理化、生物、史地、外國語。會考各科成績核算方法，以學校各科成績占十分之四，會考成績占十分之六，合併計算。會考三科以上不及格者留級，以兩次為限。與此同時，教育部公佈了《中學學生畢業會考委員會規程》，建立起畢業會考工作的組織、實施機構。其中規定：由省市區教育行政機關組織會考委員會，設主試委員，主持一區之會考事宜，下分命題委員會與監試委員會。畢業會考委員會負責對下列事項進行議決：（一）

各項實驗規則之擬定；（二）參加會考學生學校畢業成績之審查；（三）參加會考生之畢業、留級、補考之決定；（四）會考成績計算及揭示事項等。命題委員會負責擬定各種試題並加倍擬撰，由委員長選定擬定標準答案，並兼任評閱會考試卷。命題委員對於命題，應嚴守秘密。

中學實行畢業會考後，國民政府把這種制度向其他教育領域推廣。一九三四年四月，教育部頒佈了《師範學校學生畢業會考暫行規程》，一年後又正式頒佈和嚴令推行《師範學校學生畢業會考規程》，規定了師範學校、鄉村師範學校、簡易師範學校、簡易鄉村師範學校等各類師範畢業學生參加會考的科目、時間、合格評定標準等，並強調師範學生必須會考各科通過，方得授予畢業證書，始獲正式服務教職之資格。畢業會考由此成為師範生獲求教職的必由之路。

一九四〇年五月，教育部頒發《專科以上學校學生學業成績考核辦法要點》，規定從一九四一年起，專科以上學校將畢業考試改為「總考制」。畢業班學生除考最後一學期所學課程四種以上（專科為五種以上）外，還須指定通考以前各年級所學專門科目三種，不及格者不得畢業。總考試不及格科目得補考一次，仍不乃格者，得參加下屆畢業總考，以一次為限。「總考制」頒佈後，立即受到不少高校畢業生的抵制和反對，西南聯大的四年級學生組織了「反總考制」委員會，率領畢業班學生抵制高校總考試制度。（見《第二次中國教育年鑒》，商務印書館一九四八年版。）

第十五章　李宗吾的教育思想

李宗吾挨打之後，專門寫了一書，叫做《考試制之商榷》，說明考試的必要，尤其注重學制的改革，由教育廳印發各縣討論。他常常對人說：「不經這一次痛打，我這本書是作不出的，所以對於該生等，不能不深深感謝！」

究竟是什麼樣的教育思想，讓李宗吾慘遭毒打？

與適應小農生產的傳統私塾相比較，現代學校以適應現代化大生產見長，在短短幾十年中脫穎而出，構成中國教育的主導模型。在公眾眼裏，普及現代學校是實現教育現代化的不二法門。民國五年（一九一六）和民國十年（一九二一）李宗吾先後兩次擔任四川省省視學。在他第二次任職期間，遊歷各省考察教育。

李宗吾目光如炬，幾年的遊歷視學，讓他看到當時教育的弊端，其一是「鐵床主義」。李宗吾認為人的本性，原本就是不齊的，而當時的學校，處處要求整齊劃一，他認為「整齊劃一」這句話，是戕賊個性的名詞。李宗吾舉了一個例子：古時候有個強盜，捉住人即按他在鐵床上，身比床長的，把他截短點，身比床短的，把他拉長點。李宗吾接著提出了自己的疑問：「現在的學校，注重學年制，學年一滿，就可畢業，資質高的，把他按下去，資質劣的，把他拖起來，究竟學生感不感到痛苦，辦學的人是不管的，而且美其名曰：『整齊劃一』，試問與鐵床主義有何區別？」李宗吾對於這樣的教育表達了深深的不滿：「實則所說的三年畢業四年畢業，並不是所習的學業要三年或四年才能完畢，不過是講堂上規定了若干鐘點，必須去坐滿罷了。彷彿是三年的有期徒刑。所以現在的學校，也可以說是監獄式的學校。」【1】

其次是資源浪費，效率低下。鐘點一到，先生即來授課，也不管學生對其所講的內容是否感興趣；鈴聲一響，即收書走人，也不管學生對其所授的內容是否業已瞭解。程度差的學生，聽完之後茫然不解，下次便無法接上先生的思路；優秀的學生，事先已於所授課也有所理解，則聽之索然無味。浪費了學生時間和精力，卻收效甚微。李宗吾說孔子說過的「不憤不啟，不悱不發。」本來是很好的教學方法，但是「如今用不著了，鈴子一響就須上堂聽講，不憤者也要啟，不悱者也要發，學校組織如此，怎麼會不生流弊呢？」至於金錢材料上的虛耗，更是所在多有：

各學校的儀器標本，封鎖的時候多，利用的時候少，為什麼不把它公開，是一般人都能享受利益？這就是材料不經濟的地方。從前書院的山長，得了幾百串錢，那全書院的學生數十個，或是百多個，都由山長一人去教，此外沒有一個冗員；現在教育上的組織，就是拿錢的人多，教書的人少。教育廳設廳長、科長、科員幾十個人，都是拿錢不教書的；省設省視學若干人，是拿錢不教書的；各縣設教育局長視學員，是拿錢不教書的；各中小學校長，多半未擔任功課，是拿錢不教書的。從前書院時代，學生的品性，由山長負責，未另支薪，現在把他劃分出來，每校設管理員數人，這些人所得薪水，都比從前山長優厚，但他們可勿須教書，實際上在教書的只有所謂教員罷了，此外還有文牘庶務會計書記等等，都是拿錢不教書的。至於教育局董事，教育委員或學董，都支所謂車馬費，也是拿錢不教書。拿錢不教書的人如此之多，教育經費哪能不支絀？【2】

於是，李宗吾發出喟歎：「用了那麼多金錢，費了那麼大勞力，所得的結果，不過是造成一個讀書不自由的組織罷了，倘把所有的組織細加考察，無在不是荊棘叢生，諸多窒礙，維新之初，手定學制的諸公，未免太不思索了。」李宗吾把責任推給維新之初制定學制的諸公，未免冤枉前人。身處教育界的李宗吾其實對於問題看得真真切切，他說：「全省教育局長、與夫校長教員，位置是有限的，具有局長校長教員的資格者，又是很多的，並且這種人才是逐年增加，實在是消納不完；兼之實業不發達，各項人才沒有出路，只有匯集於教育之一途，怎麼不起爭端呢？」

李宗吾看到當時學制的第三個弊端也是最重要的弊端就是現代學校獨霸天下，形成教育壟斷並導致受教育的門檻過高。「現在的學校組織，定要身在學校之內，往上若干年，才能承認他是某某畢業生；至於校外自修的，任他學問如何好，政府是不能承認的，依然把他當作棄才。」【3】這是其一，其二：「現在學校的組織，完全是家資富裕的佔便宜，學校的等級越高，所需的費用越多，於是高深的學問，就成了家資富裕的私有物了。貧苦人家的子弟，是終身得不到高深學問的；即使實行義務教育，也不過得點粗淺知識罷了。」這在讓李宗吾感到憤憤不平的同時也感到憂慮：「但就全人民而論，貧窮的人多，富足的人少。現在的學制，只有富家子弟才有入學的機會，貧家子弟，是在擯棄之列。立法未免太偏枯了。我們實地考察，凡是富家子弟，多半怠惰，貧家子弟，多半奮勉。中國歷史上，許多名儒碩學，都是從貧寒的家庭出來的。若照現在的學制繼續行下去，國家必要少出許多人才，無形之中就是受了極大的損失。」

李宗吾針對當時學制的種種弊病，為當時的教育開出了自己獨特的藥方，他主張「把現行學制打破，設一個考試制」，使「各人之能力，可儘量發展，國家文化，可日益進步」。他主張實施考試制，並不專在考試的本身，而是想借著這種制度，以求教育的普及，造就真實的人才。李宗吾對於當時法定的學校，主張有兩種解放：第一種解放，是破除學校與私塾的界限，把在校肄業的都給他們一條生路；第二種解放，是學校內部的組織，得由教員體察情形，酌量變通，不必拘守那種死板的辦法，可隨學生的程度，為適宜的誘導。但是有了這兩種解放，自然呈現一種紛亂的狀態，再設一種考試制度於其上，懸出一定的標準去考試，於是參差之中，就寓於劃一之制了。

具體說來，李宗吾關於考試制的設想大致分為幾個方面，首要的就是要學生們能夠讀書自由，獨立思想。「學校應習的各科不該同時並進，所有各科學習的先後，和學習的時間，都應該酌量變通，取消那每天學習五六科的辦法，所得的效果，一定要增加許多。」緊接著，李宗吾敘述了這樣設置的理由：

若取一種未經學習的學科，自己去研究，就知道其中的甘苦了。遇著不瞭解的地方，往往鑽研許久，都不瞭解，一經瞭解，以下的即迎刃而解。有時發生了興趣，津津有味，自己不忍釋手，進行非常之快，比那教授講授的速度，真有天壤之別，而且是自己鑽研得來的，心中也格外暢快。好比煨肉的方法，初時用猛火，到了沸騰後，改用微火，只要能夠保持沸騰的溫度，雖是微火，所得的效果仍與猛火無異。凡人看書，有時發生興趣，津津有味，這就是煨肉到了沸點的時候，就應該一直看下去，這是用力少而成功多，倘此時無故把它放下，隔許多時候又來看，自己覺得興趣沒有先前那樣好，看下去就較為艱難了，這便是煨肉停了火的緣故。需要耐心再看許久，方才發生興趣。【4】

所以，在學校裏，「學生習某科，他要想繼續下去，不肯中止，這是可以的；他自覺厭煩了，想另換一科，也是可以的。當純由學生自動，教師在旁邊輔導，隨時指點，卻不可強制他。這樣學生的進步，自然也快，腦筋也不會損傷。」針對當時有人認為「現在的學科，有許多非經講授，是不易瞭解的，還有許多注重試驗，並不是課本上的知識，更是不能自修」的觀點，李宗吾提出了補救措施，即多設補習學校，並在適中地點開設公共理化室、圖書標本室，專聘教師常住其中，許人自由請問。這樣一來，各校可以共同購置試驗器材，放在適中的地方，各校先在校中把理論講明白了，到了規定的時間由各校把學生引到那個地方去試驗，如此辦法，一套標本儀器，可供幾個學校之用。更重要的是還可以把它開放，使校外之人也能享受這種利益。如果有了這些設備，又有指導者居住其中，那些貧苦子弟，可以一邊謀生活，一邊抽暇自修，遇有不瞭解的地方，可以向人請問，倘若無人請問，就可到公共場所請指導人指示，又有儀器標本可供試驗，所得的知識即與在校者沒有區別。

李宗吾提出的第二點觀點，則是降低現代教育的門檻，提倡私學與公立學校並重，主張在舉行考試之時，私塾生和自修生一律准其考試。這樣一來，對於公立學校也是一種促進，因為「校內學生見有校外自修的與之競爭，萬一成績不及他們，豈不為人非笑？」而「公家所辦的學校，見有私塾與他競爭，恐怕相形見絀，自然也就不能不力加整頓了」。在《考試制之商榷》中，李宗吾詳細地敘述了自己的設想：

實行考試時，所考的是學校內應授的學科，並不在其他書籍中出題目，私塾如不改良，他的學生斷不會僥倖及格，自然學生不會到他那裏去，即使去了也要回來的；如果他的學生考試能及格，可見他的私塾，業已改良，與學校無異，豈不是很好的事嗎？國家與設學校的目的，原在造就人才，現在有私塾也在幫助造就，不支公家款項，造出的學生，又能合格，應當獎勵之不暇，又何必阻止呢？如果私塾盡都改良了，學校的學生全體都向私塾去，也是無妨的，正好把造就人才的事，讓私塾去辦，國家只消設一個考試制，去考試私塾的學生就是了。所辦學校的款項，可移來辦平民學校，教育無力入私塾的學生，或是去辦高級的學校，教授私塾所不能教的學科，豈不是很好嗎？所以私塾發達，是很好的事，並不是悲觀的事。[5]

李宗吾所說的私塾，是包括私立學校以及未向政府立案的學校，而不是僅僅是鄉村的私塾。

在《考試制之商榷》中，李宗吾還提到了讓他念念不忘的「科舉」，他認為科舉弊病雖多，但「那個時代卻有一個極好的精神」，只要立志讀書，就有書可讀。而且在科舉時代，窮人可以一面謀生活，一面自己用功，國家行使考試時，對此等人，與書院肄業的人同樣待遇，並沒有歧視之心。李宗吾的《考試制之商榷》，實際上就是發端於科舉，而立足於當時。他的教育主張，概括地說就是「求學自由」，即讓天才優越的學生不受學年的限制，使其創造的天分得以充分的發展，同時把學校開放，使校外的學生也能參加考試。這樣一來，私塾便可以與公立學校並行發展，教育也就不容易為少數人壟斷。

不要以為李宗吾設想的考試制只是培養應試教育的機器，李宗吾對此早有警覺。在制定考試制的同時，李宗吾同時制定了《學業成績考察會之計畫》，這種方式，便是通過檢查學生的平時成績，藉以注重培養學生的素質。李宗吾設立的學業成績考察會，是約集地方教育界人士，籌備經費，每月集合在校學生以及私塾自修學生，按照部定科目，會考一次，及格者從優獎勵，鼓勵學生的興趣。而貧生得獎，更可以繳納學費，或購置書籍，不至於因貧廢學。考試科目以及所用教科書，均先期公佈，使私塾自修學生，預為肄習。這也是李宗吾偏重私立學校的一種策略。李宗吾認為國家不僅不應該限制私立學校的發展，而且應該為其提供有利的發展條件。私立學校的存在是對公立學校的一種有力的促進。這種思想在當時沒有得到應有的重視，在以後的共和國的歲月中更是成了絕響。

一九二三年，正是李宗吾大力在四川省視學任內積極宣導和力行考試制期間，中華平民教育促進會在北京成立，該會以「除文盲，作新民」為宗旨，總幹事便是與愛因斯坦齊名的四川人晏陽初。同為四川人的晏陽初比李宗吾小十四歲，兩人之間是否早有來往現在沒有資料可以徵詢，但是可以知道的是，當時中華平民教育促進會四川分會選舉董事，李宗吾是董事之一。為此，李宗吾專門作了一篇〈推廣平民教育之計畫〉。這篇文字，可以說是補了《考試制之商榷》的不足。

在那篇文章裏，李宗吾認為平民教育應該擴大辦理，教育一般民眾，不僅僅是叫不識字的人。他根據民間讀書水準參差不齊的情況，主張徵集一些「或白話的」，「或淺近文言的」，「總以富有趣味為主」的著作，其間加入一些外國壓迫我國的情形以及弱小民族被侵略的事實，交給在各街宣講格言的和在茶館眾說評書的人拿去傳播。因為「這等人的語言態度，與街市上的人是一致的，他們說的話，眾人都肯聽；若是上流社會的人去講，反覺得異言異服了，所說的話，必不能深入人心」。李宗吾指出，現在阻礙文化的，就是教科書有版權一事。「我們中國，本來讀書很自由的；該行學校而後，訂出種種法令，有了許多限制，讀書就不自由了。」[6]從前無所謂版權，如今所用的教科書，概有版權，人民不能自由翻印，於是購書也不自由了，外縣購置教科書很難，往往有錢也買不到書。李宗吾舉了他查學所見的例子：有些初小教師，手寫教科書，拿與學生讀的；又有命大學生幫助小學生抄寫的，這就是「版權」二字生出來的現象。有了這種制度存在，教育怎能普及？所以他提倡平民教育，首先要自編書籍，放棄版權，促進會再徵集各種讀物加以審查，認為合格，即刻成木板或鉛印，把著者姓名印上，予以名譽上的報酬，然後把所有書籍的名目公佈出來，各處要購某種，只要寄函到會，會中雇有工人代印，只取紙本，不取工資版費。李宗吾這種取消版權的主張看起來頗為偏頗，但是考慮到他只是在教育層面提出，而且也僅限於教科書，或者為平民普及教育所用的書籍，這種苦心，是值得體諒的。

值得注意的是，李宗吾的考試制思想，不是向前看，而是向後看：他是在科舉和與科舉相關聯的書院制度尋找思想資源的。筆者曾在〈從科舉廢除到現代大學制度的確立〉一文中梳理過從科舉廢除到現代大學制度確立的那條坎坷艱難的道路，同時也反思了現代大學制度的弊端，在那篇文章的結尾，我這麼寫道：

> 應該說，有了好的制度，還要有好的人來維持制度，中國是缺乏「法」的觀念的國度，再好的制度，弄得不好，也許就成了壞事兒。拿科舉制度來說，原本說不上有什麼不好，但是到了清末，官場流弊日深，人才不能出頭，士子們針砭時弊不好拿高官出招，只好對準了原本沒有大錯的科舉，進而引發了後來的戊戌變法。一下子科舉制度蕩然無存，皮之不存，毛將焉附，依附在這個制度上的大小官員也只好樹倒猴孫散。隨著科舉制度一同退出歷史舞臺的，還有實行了一千多年的書院教育制度。但是，正像教育史家舒新城所說的，「光緒二十四年以後的改革教育論者，並無一人對於書院制等有詳密的攻擊或批評」。（舒新城：《近代中國教育思想史》）康

梁諸人的所謂破舊，主要針對的是科舉取士。所以在現代大學建立的同時，教育的主事者們也開始紛紛反思現代大學的流弊，並且開始把書院精神引進現代的大學體制。一九二四年，清華校長曹雲祥向胡適請教如何創辦研究院，胡博士的做法就是「略仿昔日書院及英國大學制，為研究院繪一藍圖」。（藍文徵：〈清華大學國學研究院始末〉，載《清華校友通信》新卅二期，一九七〇年四月）這一點在一九二五年三月六日清華大學校務會議中通過的《研究院章程》裏說的更加明白：「本院略仿舊日書院及英國大學制度……」（《研究院章程》，《清華週刊》第三六〇期，一九二五年十一月）上海交通大學的校長唐文治，在一九二〇年，五十六歲知天命的年紀，不顧交通部及學校同人的再三挽留，回到了老家無錫創辦了在中國教育史上鼎鼎有名的無錫國專，這所學校介乎於現代意義的大學和傳統書院之間而更接近於後者，這個學校培養出來的優秀者、日後成為大學者的吳其昌、蔣天樞在日後又回到了現代大學體制中的傳統書院——清華國學研究院。【7】

細心的讀者可以發現，李宗吾提出考試制和清華創辦國學研究院以及唐文治創辦無錫國專的時間是多麼接近（中間只相差三兩年的時間），從這個角度去反觀李宗吾的教育思想，也許是一個更好的切入點。富有歷史意味的是，李宗吾提出和發表這些教育思想的時候，正值蔡元培出長北大，胡適回國之初，「全盤西化」的思潮彌漫全國思想界、教育界的時候，李的思想不能得到重視也就可想而知了。

就連在李出任省視學的四川，這些思想的實施也只是曇花一現，到了民國二十五年（一九三六），四川各縣也一律奉令停止小學會考，也未另辦私塾學生的考試，李宗吾在四川教育界遺留的痕跡，就算是「完全肅清了」。那個時候，李宗吾已經在軍閥劉文輝的劉湘部任職達九年之久了。那時的李宗吾，已經不願意交朋友，經常是獨自一個人，坐坐茶館，遊遊公園，偶爾碰到熟人，便「好似不經意的掩藏起來」，過起遊魂一般的生活了。

注釋

【1】【2】【3】【4】【5】【6】李宗吾：《考試制之商榷》，均轉引自張默生：《厚黑教主李宗吾傳》，北京，團結出版社，一九九五。

【7】陳遠：〈從科舉廢除到現代大學制度的確立〉載二〇〇五年九月九日《新京報》，北京。（發表時有刪節）

第十六章　大隱於市，廣開厚黑廟門

別人做官，一般是越做越大，但是這位厚黑教主做官，卻是越做越小。在他提倡的考試制遭到抵制之後，為了實行自己的設想，李宗吾捨去四川省視學的職位，轉到大軍閥劉文輝部下，試圖借助軍閥的力量推行考試制。這一段故事，在本書第十三章和第十四章有詳盡的敘述。但是隨著考試制的全面肅清，李宗吾對於官場也越來越失望，整天待在劉文輝的部內無所事事，「沒有聽他作過什麼主張，出過什麼計畫」。

據當年曾經作過李宗吾學生的王善生記載，一九三五年（民國二十四年）他常常看到李宗吾一個人坐在公園，王善生每次看到必上前攀談。有一次談話，後來被王善生記載了下來：

予問：「先生讀書淵博，思辨精闢，何不融經鑄史、馳騁正軌，而乃騖情孤癖，獨遁左道。先生所言厚黑二字，不過玩弄邏輯，混淆訓詁。」先生答云：「你說我走的是左道，而不知道這是我的達道。所謂的達道，乃天下一二等英雄才走得通。一等為劉邦，為了要當皇帝，可以目視父母就烹而請分羹一杯。二等英雄如李世民，為了要當皇帝，忍於殺兄殺弟。三等則南粵趙佗，始欲割地自雄，終而俯首就範。第四等則虯髯客，遠走高飛，自闢一國。你所稱的大學者，融經鑄史，不過為一二等英雄耳（按，原文如此，疑「英雄」為「學者」之誤），且他們正是為一二等英雄塗脂敷粉。三等學者，或研一子，或作小說，自以為割地矣，其實一如趙佗，如不俯首就範，不跟好一二等英雄之後，終亦不能自存。此三流的學術領域，皆無我插足之地。我不願為一二等英雄，也不願俯首一二等英雄，我只好遠走高飛，不與人爭道。你知道麼？厚黑學者，我之『海外扶桑國也』。」[1]

李宗吾與自己過去學生這番對話，無意中透露自己落寞的心境，想經世濟用，無奈看透世事心灰意冷，想躋身學界，卻又無奈「皆無我插足之地」。李宗吾這番話並非想當然，在張默生所著的《厚黑教主李宗吾傳》中，曾經對李宗吾的境地有過這樣的描寫：他也曾經與重慶區的大學教授，攀談過學術問題，但是彼此似乎有些隔膜。此種的原因：是大學教授的學問，多半是從書卷中來的；而他的一套理論，則是憑著想像所及而別有發現的。人家的學問，多半是有師承家法的；而他的學說，可說是本店自造的。因此他僅可稱之為思想家，不得稱之為學術家或者學者。思想家所見到的，有時為稍後的學者所證實，有時亦為稍後的學者所推翻。思想家和學者，往往不是同時代的人物。勿怪乎他與一般教授攀談，他儘管言之諄諄，而聽者就未必不茫然了。[2]後來李宗吾乾脆放棄了進入學界的幻想，在這方面，有一件事情特別能夠說明李宗吾的佯狂：

去年吳稚暉在重慶時，新聞記者友人毛暢熙，約我同去會他。我說：「我何必去會他呢？他讀盡中外奇書，獨莫有讀過厚黑學。他自稱是大觀園中的劉姥姥，此次由重慶，到成都，登峨眉，遊嘉定，大觀園中的風景和人物，算是看遍了，獨於大觀園外面，有一個最清白的石獅子，他卻未見過。次迎吳先生，我也去了來，他的演說，我也聽過，石獅子看見劉姥姥在大觀園進進出出，劉姥姥獨未看見石獅子！我不去會他，特別與他留點憾事。【3】

後來吳稚暉看到李宗吾的這番話之後，曾經致函李宗吾，說：「厚黑二字，人人心中有之，只是人人筆下不便寫出。今經李先生道破，恐厚黑者，益將無忌憚，而厚黑犧牲品亦必加多矣。雖然，吾快吾意，亦管不了許多也。」「李先生目光銳利，讀書奇博，《心理與力學》實為最驚奇之發明，尤其前半部，真萬古不滅之論。……」不過，這都是後話了，

當時的厚黑教主，不由得隱於市井，嬉笑怒罵地遊戲起人間來了。當時跟他來往比較多的，是過去的一位好友，在全國聞名的「姑姑筵」餐館的老闆兼廚師黃敬臨。李宗吾在《厚黑叢話》中曾經多次寫道這位「配享厚黑廟」的好朋友：

> 我這門學問，將來一定要成為專科，或許還要設專門大學來研究。我打算把發明之經過和我同研究的人寫出來，後人如仿宋元學案、明儒學案，做一部厚黑學案，才尋得出材料，抑或與我建厚黑廟，才有配享人物。
>
> 舊友黃敬臨，在成都街上遇著我，說道：「多年不見了，聽說你要建厚黑廟，我是十多年以前就拜了門的，請把我寫一段上去，將來也好配享。」我說：「不必再寫，你看《論語》上的林

放，見著孔子，只問了『禮之本』，三個字，直到而今，還高坐孔廟中吃冷豬肉。你既有志斯道，即此一度談話，已足配享而有餘。」敬臨又說：「我今年已經六十二歲了，因為欽佩你的學問，不惜拜在門下。我說：「難道我的歲數比你小，就夠不上與你當先生嗎？我把你收列門牆，就是你莫大之幸，將來在你的自撰年譜上，寫一筆『吾師李宗吾先生』，也就比『前清誥封某某大夫』，光榮多了。」[4]

後來李宗吾與朋友談話，旁邊有人警告說：「你少同李宗吾談些，謹防把你寫入《厚黑叢話》！」李宗吾有感於此竟然作起厚黑廟人物譜來了，其中的一篇，便是關於那位黃敬臨的。李宗吾說：「我生怕我的厚黑廟中，五花八門的人，鑽些進來，鬧得如孔廟一般。我撰有敬臨食譜序一篇，即表明此意……」我們不妨看看這位黃敬臨是怎樣的一個人：

> 我有個六十六歲的老學生，黃敬臨，他要求入厚黑廟配享，我業已允許，寫入《厚黑叢話》第一卷。讀者想還記得，他在成都百花潭側開一姑姑筵。備具極精美的肴饌，招徠顧主，讀者或許照顧過。昨日我到他公館，見他正在凝神靜氣，楷書《資治通鑒》。我詫異道：「你怎麼幹這個事？」他說：「我自四十八歲以後，即矢志寫書，已手寫十三經一通，補寫新舊唐書合鈔，李善注文選，相台禮記、坡門唱和集各一通，現打算再寫一部《資治通鑒》，以完夙願而垂示子孫。」我說：「你這種主意就錯了。你從前歷任射洪、巫溪、滎經等縣知事，我遊蹤所至，

詢之人民，你政聲很好，以為你一定在官場努力，幹一番驚人事業。歸而詢知，退為庖師，自食其力，不禁大贊曰：『真吾徒也。』特許入厚黑廟配享，不料你在幹這個生活。須知：古今幹這一類生活的人，車載斗量，有你插足之地嗎？庖師是你特別專長，棄其所長而與人爭勝負，何若乃爾！鄙人所長者厚黑學，故專讀厚黑學，你所長者庖師，不如把所寫十三經與夫《資治通鑒》等等，一火而焚之，撰一部食譜，倒還是不朽的盛業。」

敬臨聞言，頗以為然，說道：「往所在成都省立第一女子師範學校充烹飪教師，曾分『薰、蒸、烘、爆、烤、醬、酢、鹵、糟』十門教授學生，今打算就此十門條分縷析，作為一種教科書。但滋事體大，苦無暇晷，奈何！」我說：「你又太拘了，何必一做就想做完善。我為你計，每日高興時，任寫一二段，以隨筆體裁出之，積久成帙，有暇再把他分出門類，如不暇，既有底本，他日也有人替你整理。倘不及早寫出，將來老病侵尋，雖欲寫而力有不能，悔之何及？」

敬臨深感余言，乃著手寫去。

敬臨的烹飪學，可稱家學淵源。其祖父由江西宦遊到川，精於治饌，為其子聘婦，非精烹飪者不合選。聞陳氏女，在室，能製鹹菜三百餘種，乃聘之，即敬臨母也。於是以黃陳兩家烹飪法冶為一爐。清末，敬臨宦遊北京，慈禧後賞以四品銜，供職光祿寺三載，復以天廚之味，融合南北之味。敬臨之於烹飪，真可謂集大成者矣。有此絕藝，自己乃不甚重視，不以之公諸世而傳諸後，不亦大可惜乎？敬臨勉乎哉！

古者有功德於民則祀之。我嘗笑：孔廟中七十子之徒，中間一二十人有言行可述外，其大半則姓名亦在若有若無之間，遑論功德？徒以依附孔子末光，高坐吃冷豬肉，亦可謂僭且濫矣。敬臨撰食譜嘉惠後人，有此功德，自足廟食千秋，生前具美饌以食人，死後人具美饌以祀之。此固報施之至平，正不必依附厚黑教主而始可不朽也。人貴自立，敬臨勉乎哉！孔子平日飯蔬飲水，後人以其不講肴饌，至今以冷豬肉祀之，腥臭不可向邇。他日厚黑廟中，有敬臨配享，後人不敢不以美饌進，吾可傲於眾曰：吾門有敬臨，冷豬肉可不入於口矣！是為序。民國二十四年十二月六日，李宗吾，於成都。[5]

那一年，正好是李宗吾好友謝慧生的六十大壽，李宗吾借給這位老朋友祝壽寫祝壽文的機會，也把這位老朋友納入到了「厚黑廟」裏來。在那篇祝壽文裏，李宗吾寫道：

民國元年二三月，我在成都報上發表《厚黑學》。其時張君列五，任四川副都督，有天見著我，說道：「你瘋了嗎？甚麼厚黑學，天天在報上登載，成都近有一夥瘋子，巡警總監楊莘友，成都府知事但怒剛，其他如盧錫卿、方琢章等，朝日跑來同我吵鬧，我將修一瘋人院，把這些瘋子一齊關起。你這個亂說大仙，也非關在瘋人院不可。」我說：「噫！我是救苦救難的大菩薩，你把他認為瘋子，我很替你的甑子擔憂。」後來列五改任民政長，袁世凱調之進京，他把印交了。第二天會著我，說道：「昨夜謝慧生說：『下細想來，李宗吾那個說法，真是用得著。』」我拍案叫道：「田舍奴，我豈妄哉！瘋子的話，都聽得嗎？好倒好，只是甑子已經倒了。今當臨別贈言，我告訴你兩句：往者不可諫，來者猶可追。」哪知他通道不篤，後在天津織襪，被袁世凱逮京槍斃。他在天牢內坐了幾個月，不知五更夢醒之時，會想及四川李瘋子的學說否？宣佈死刑時，列五神色夷然，負手旁立，作微笑狀。同刑某君，呼冤忿罵。列五呼之曰：「某君！不說了！今日之事，你還在夢中。」大約列五此時，大夢已醒，知道今日之死，實系違反瘋子學說所致。

同學雷君鐵厓，留學日本，賣文為活，滿肚皮不合時宜，滿清末年跑在西湖白雲寺去做和尚。反正時，任孫總統秘書，未幾辭職。作詩云：「一笑飄然去，霜風透骨寒。八年革命黨，半月秘書官。稷下竽方濫，邯鄲夢已殘。西湖山色好，莫讓老僧看。」他對時事非常憤懣，在上海，曾語某君云：「你回去告訴李宗吾，叫他厚黑學少講些。」旋得瘋癲病，終日抱一酒瓶，逢人即亂說，常常獨自一人，倒臥街中，人事不省。員警看見，把他弄回，時愈時發，民國九年竟死。我這種學說，正是醫他那種病的妙藥，他不惟不照方服藥，反痛詆醫生，其死也宜哉！列五、鐵崖，均係慧生兄好友，渠二人反對我的學說，結果如此。獨慧生知道，瘋子的學說，用得著，居然活了六十歲。倘循著這條路走去，就再活六十歲也是很可能的。我發明厚黑學二十餘年，私淑弟子遍天下，盡都轟轟烈烈，做出許多驚天動地的事業，偏偏同我講學的幾個朋友，列五、鐵厓而外，如廖君緒初、楊君澤溥、王君簡恒、謝君綬青、張君荔丹，對於吾道，均茫無所得，先後憔悴憂傷以死。慧生於吾道似乎有明瞭的認識了，獨不解何以蟄居海上，寂然無聞？得非過我門而不入我室耶？然因其略窺涯，亦獲享此高壽，足徵吾道至大，其用至妙，進之可以幹驚天動地的事業，退之亦可延年益壽。今者遠隔數千里，不獲登堂拜祝，謹獻此文，為慧生兄慶，兼為吾黨勸。想慧生兄讀之，當亦掀髯大笑，滿飲數觴也。民國二十四年元月，弟宗吾拜撰。[6]

柏楊在評價李宗吾的時候曾說：（厚黑學在於說明瞭）「一個蓋世奇才，對於日非的世局，其內心的悲憤和痛苦是如何沉重。」這兩篇文章恰好證明瞭這一點，只不過，這位厚黑教主，把自己悲痛隱藏在嬉笑怒罵的背後，世人只看到了這位厚黑教主的詼諧，卻很少注意到他內心的辛酸。從李宗吾所期許的這兩個「配享厚黑廟」的人物，也可以一窺這位厚黑教主的為人了。

能夠直接說明李宗吾為人的，還有兩個故事，一個是在李宗吾的厚黑學大肆傳播之時，有位道貌岸然的官僚，看到厚黑學之後義憤填膺，寫了一本《薄白學》，在成都發表，痛斥李宗吾狼心狗肺、貽害蒼生，不久之後，這位寫了《薄白學》的官僚因為貪污瀆職被判死刑，其頭顱被懸掛在成都少城公園示眾。

另外一件是民國二十七年（一九三八年），四川省政府改組，李宗吾所在的政聞編審委員會裁撤，另成立一編譯室。該室的編制，只有五人，李宗吾也是其中之一，不久，因為緊縮編制，只能剩下三人，於是李宗吾便被擠掉了。關於此事，李宗吾當年的同事徐慶堅曾經回憶：

當時緊縮編制改為三人，某君乘機設法改調，某君乘機兼任新檢所主任。編譯室主任某君，則兼另一機關報總編輯。名為五員，實僅存四。此四者中，宗吾先生面厚不如某主任，心黑不如某新檢所主任；愚則所謂因緣時會，靠土著飯碗團體幫忙不能走者；宗吾先生，遂不得不掛冠而去矣。【7】

兩相比較，歷史的諷刺意味竟然如此的強烈！

注釋

【1】王善生：〈我對李宗吾先生的回憶〉，載《李宗吾研究》創刊號　自貢市李宗吾學術研究會　四川　二〇〇四年。

【2】張默生：《厚黑教主李宗吾傳》，頁三七〇，北京，團結出版社，一九九五。

【3】李宗吾：《厚黑叢話》成都《華西日報》，民國二十五年一月二日。

【4】李宗吾：《厚黑叢話》成都《華西日報》，民國二十四年八月一日至八月三十一日。

【5】【6】李宗吾：《厚黑叢話》成都《華西日報》民國二十四年十一月至十二月。

【7】張默生：《厚黑教主李宗吾傳》，頁二七九，北京，團結出版社，一九九五。

第四部

李宗吾在二十世紀思想史中的位置

第十七章　《心理和力學》的思想史脈絡

一、科玄論戰在民間的延續

《心理與力學》寫於民國九年（一九二〇年），在張默生所著的《厚黑教主李宗吾傳》中對此有專章敘述，在那一章的開頭，張默生寫道：「我們千萬不可忘記，民國九年，是宗吾思想發展史上的新紀元。」[1]說的便是李宗吾的《心理與力學》。關於這本書，還有一個故事，有一次李宗吾與同學曾聖瞻在茶館閒談，曾聖瞻對於李宗吾用嬉笑怒罵的方式撰寫《厚黑學》很不以為意，勸告李宗吾說：「朋輩中要算你的思想最敏銳，你何必老是用在開玩笑的方面呢？應該好好地研究一種學理，如果有所發明，也是朋輩的光榮啊。」[2]正巧當時李宗吾正辭官在家，有的是時間，便接受了同學的規勸，開始從學理上思考厚黑學。在後來刊於民國二十七年的《厚黑原理——心理與力學》一書的序言中，李宗吾寫道：「此等說法（指厚黑學，筆者注），能受一般人歡迎，一定於心理學有關係，繼續研究下去，始知厚黑學是原於性惡說，在學理上是有根據的，然私心終有所疑。」[3]於是「遍尋中外心理學書讀之」，然而卻是茫無所得——「均不能解我之疑」。這個時候李宗吾在四川高等學堂所學的來自西方的自然科學開始有了用場，他「乃將古今人說法盡行掃去，另用物理學的規律來研究心理學，覺得人心之變化，處處是跟著力學規律走的。」[4]

對於《心理和力學》，李宗吾自己是頗為看重的，數年前，筆者曾經寫過一篇介紹李宗吾的教育思想的文章，題為〈李宗吾：生死皆寂寞的教育思想家〉。在那篇文章中筆者曾經談到李宗吾對於這本書的看法：

> 在近代史上，有一位生前死後都大大有名的人物，其生前，以發明「厚黑學」得其大名；其死後，因「厚黑學」的流傳而使其名久遠。這個人便是李宗吾。殊不知，這位厚黑教主在生前曾經說過這樣一句話：所謂厚黑學，特思想之過程耳，理論甚為粗淺，而一般人乃注意及之，或稱許，或抵斥，嘖嘖眾口，其他作品，則不甚注意。這位厚黑教主還借用白居易的話來抒發自己的感慨：「時之所重，僕之所輕」。究其本意，也許他是認為其「所著《中國學術之趨勢》、《考試制之商榷》，及《制憲與抗日》等書」，「計包括經濟，政治，外交，教育，學術等五項，各書皆以《心理與力學》一書為基礎」，這些「屬乎建設」的著作才是應該引起人們注意的。[5]

科學的「力學」概念和方法是在一八四〇年鴉片戰爭之後，西方近代自然科學逐漸傳入中國，作為整個自然科學體系下的一個分科逐漸為中國人所知曉的。十九世紀六〇～九〇年代清王朝興起洋務運動，先後在全國各地辦起了學堂和各類「製造局」（工廠），如一八六二年開辦京師同文館，一八六五年開辦上海江南製造局，一八六六年開辦福建船政局，等等。又在「製造局」內下設翻譯館和相應的技術學校。在這些學校裏幾乎都開設了「格致學」（即今日物理學）課程，而且將格致學分為七類：力學、水學、聲學、氣學、火學、光學、電學。學生所學課程的最深程度相當於今日普通中學的高中一二年級。課本是由入華傳教士編譯而成，多為問答題形式，學生平時背誦，考試時應題作答。高年級學生、尤其是京師同文館高年級，從十九世紀八〇年代起，開始講授《談天》和《重學》中的內容。《談天》是由英國教士偉烈亞力（Alexander Wylie，一八一五～一八八七）和李善蘭（一八一一～一八八二）合譯，原著為英國天文學家赫歇耳（JohnHerschel，一七九二～一八七一）的《天文學概要》（The out-line of Astronomy），其內容有牛頓的萬有引力概念及定律，日月五星的運動、測定行星品質、開普勒三大定律等；《重學》由英國教士艾約瑟（Joseph Edkins，一八二三～一九〇五）和李善蘭合譯，原著為英國物理學家胡威立（W.Whewell，一七九四～一八六六）編的《初等力學》（An Elementary Treatise on Mechanics）。《重學》中譯本二十二卷，分靜力學、動力學和流體力學三部分，幾乎囊括了當時低年級大學生所應掌握的全部力學知識。經過這樣的學習，也培養了幾個懂物理、懂力學的人才。

戊戌維新變法運動失敗之後，它的施政綱領，特別是廢除八股，改各省會館、書院為學堂、獎勵新發明、新著作等舉措，卻被清政府在此後所接受。一八九八年成立京師大學堂也成為中國近代國立大學的肇始，一九〇二年因同文館併入而初具規模。一八九五年天津創辦中西學堂，一九〇二年改名北洋大學堂。一八九六年上海創辦南洋公學，即後來南洋大學，也就是上海交通大學的前身。

一八九七年創辦浙江大學堂，一九〇二年山西大學堂，一九〇三年湖南高等學堂等等。李宗吾所就讀的四川高等學堂，正是在這種歷史背景下誕生的。這些學堂大多在格致科下設物理學目，前者相當於「理科」，後者相當於「物理系」。在物理課程中講授力學，力學遂成為二十世紀初最為成熟的物理學教學內容。[6]在這樣的一種潮流下，李宗吾在四川高等學堂學到的粗淺力學知識，在民國九年成為他撰寫《心理與力學》思想資源。

本章不打算鉤稽牛頓力學在中國的傳播過程，而是繼續沿著前面章節的思路，一方面簡要介紹李宗吾在此書中表達的思想，另一方面探討李宗吾的這一思想在上個世紀中思想史中的位置。既然如此，李宗吾著書立說的民國九年就不是本章的著眼點，而是《心理與力學》刊佈的民國二十七年（一九三八年）。不過，要分析李宗吾的思想脈絡，還要從維新變法說起。

據美國學者、約克大學歷史系教授陳志讓分析，在一八九八年的改良和五四運動之間有三種可以辨識的新傳統思潮：

> 一種是舊式學者和政治活動家當中的國粹運動。在辛亥革命之前，他們對這樣一種有關中國的歷史分析感興趣，這種分析從土地、民族和文化的古代根源探索民族傳統的起源和發展——它還將證明目前為國家主權和獨立的鬥爭是正確的。由於他們使歷史服務於民族主義的觀念，並為作為中國文化遺產生存的主要手段的民族主義而辯護，國粹派傾向於反滿、反帝國主義的政治運動。……

第二種新傳統思潮，是由梁啟超在辛亥革命以後作為一個有威信的政界元老返回大陸時所領導的。梁仍然如他在一九〇二年號召「新民」時那樣，集中注意力於中國人的共同心理。……第三種思潮，是對仍然吸引了許多人的儒家主要精神信條的現實意義的關心。這些人當中的一些人追隨康有為，康有為從最初的一八九八年改良期間以來，一直提倡儒家思想適於制度化為國教。……[7]

這三種思潮相互交織，經歷了一九一九年的五四新文化運動，也就是陳志讓先生所說的「正當『拯救信仰』、『保存國粹』和弘贊『國性』等許多運動表現出日益迫切的反西方意向時」，[8]延續到一九二三年，終於引發了現代思想史上的「科玄論戰」。

這場論戰的發起者是北京大學張君勱，一九二三年二月，他在清華的一次題為〈人生觀〉的講演中，強調科學不能解決人生觀的問題。「第一，科學為客觀的，人生觀為主觀的」；「第二，科學為倫理的方法所支配，而人生觀則起於直覺」；「第三，科學可以以分析方法下手，而人生觀為綜合的」；「第四，科學為因果律所支配，而人生觀為自由意志的」；「第五，科學起於對象之相同現象，而人生觀起於人格的單一性。」張君勱在演講中把人生觀歸結為「精神和物質」、「男女之愛」、「個人與社會」、「國家與世界」這樣一些具體問題，經過一番論述之後，他說：「人生觀既無客觀標準，故惟有反求諸己」。[9]

張君勱的演講在《清華週刊》第二七二期發表之後，馬上引起了地質學家丁文江的激烈批評，丁文江在批評中很不客氣地說：「……玄學鬼附在張君勱的身上」，並且強調同意胡適的意見：「……今日最大的責任與需要，是把科學方法應用到人生問題上去。」[10]張君勱對此批評作了長文答辯，一時之間，思想學術界名流梁啟超、胡適、吳稚暉、張東蓀、林宰平、王星拱、唐鉞、任鴻雋、孫伏園等人在《努力週報》、《時事新報》、《學燈》上紛紛發表文章，參加討論。正如陳志讓在《劍橋中華民國史》中所說：「作為知識界的一場大規模論戰，『科學與玄學』之爭不可能沒有公眾對勝利者和失敗者的裁決而告結束。」（《劍橋中國民國史》，費正清編，中國社會科學出版社一九九八年七月第一版）這場輪戰「很明顯地是以『玄學鬼』被唾罵，廣大知識青年支持或同情科學派而告終」。[11]然而，這僅僅「反映了他們的追隨者隊伍的規模，而不一定是它的持久力。」[12]「如果從純學術角度看，玄學派所提出的問題和所作的某些（只是某些）基本斷論……比起科學派雖然樂觀卻簡單的決定論的論點論證要遠為深刻，它更符合二十世紀的思潮。」[13]本章不想涉及這次論爭的方方面面，而是想通過材料上的對比，說明李宗吾的《心理與力學》是此次論戰在處於前沿地位的學術思想界偃旗息鼓之後，民間思想對於這論證的延續和反映。

一九二〇年，李宗吾的《心理與力學》初寫成之際，原本只是一篇專論，上文所提到的三種新傳統思潮的相互激蕩，可以看作李宗吾寫作此文的時代背景。及至經歷了「科玄論戰」之後的第四年——民國十六年（一九二七年），李宗吾首次把這些觀點收入《宗吾臆談》中，「後經十餘年的研究，補充整理，才擴大為一專書問世」[14]。在這本小冊子中，李宗吾表達了一個核心的觀點：心理依力學規律而變化。本章也不打算評判這一觀點的正確與否，只想摘抄一些資料，以便讀者能夠從中讀出李宗吾的這本小書與科玄論戰的連續之處：

> 去歲遇川大教授福建江超西先生，是專門研究物理的……我把稿子全部拿與他看……承蒙一一指示，認為我這種說法講得通……[15]
>
> 讀者常駁我：「人之心理，變化不測，哪裡會有規律？」我說：物理也是變化不測，何以又有規律？今之科學家，研究物理，可謂極精了。我們試取一瓷杯，置之地上，手執一鐵錘，請問：此錘下去，此杯當成若干塊？每塊形狀如何？恐怕聚世界科學家研究之，無一人能預知，所可知者，鐵錘擊下，此杯必裂而已。何也？杯子內部分子之構造，無從推測也，我們不能因此就說，物理變化，無有規律。人藏其心，不可測度，與瓷杯分子之相同，所以心理變化，如珠走盤，橫斜曲直，不可得知，所可知者，必不出此盤而已。[16]

在《心理與力學》這本書的開端，李宗吾就為自己預設了這樣的一種背景，那就是他是處於科玄論戰的語境當中，並且明顯的表達了科學的傾向。這種傾向，正如胡適所說，自清末變法維新以來，「有一個名詞在國內幾乎做到了無上尊嚴的地位；無論懂與不懂的人，無論守舊和維新的人，都不敢對它表示輕蔑或戲侮的態度。那個名詞就是『科學』。」[17]然而，仔細考察李宗吾在書中的論述，與其說他是科學的，毋寧說更貼近玄學。與厚黑學如出一轍，李宗吾依舊是從人性角度考察人的心理活動，並創造了心理「力線」一說，進而推斷「人事變化之軌道」。

> 人的心理，不外相推相引兩種作用，自己覺得有利的事，就引之使近，自己覺得有害的事，就推之使遠。人類因為有此心理，所以能夠相親相愛，生出種種福利；又因為有此心理，所以會相爭相奪，生出種種慘禍。[18]

因此，「人人有一心，即人人有一力線」。各力線之所以能夠不發生衝突，是因為「有力與力不相交的」，「有力與力相消的」，「有力與力相合的」，「有力與力相需的」，「也有大力制止了小力的」，「力線相互錯綜，如網一般，有如許多線，不惟不衝突，反是相需相成，人類能夠維繫，以生存與世界，就是這個原因」。[19]

李宗吾套用西方科學術語作下這樣的結論，但是在論證的時候，卻完全採用中國傳統思想的資源。「孟子之性善說，荀子之性惡說，是我國學術史上，未曾解除之懸案，兩說對峙了兩千多年，抗不相下。」李宗吾大筆一揮，畫了幾個圓圈，就把這個問題輕鬆解開了。

孟子說：「孩提之童，無不知愛其親也，及其長也，無不知敬其兄也。」由此推衍出去，發明性善說，風行百代。荀子說：「妻子具而存衰於親，嗜欲得而信衰於友，爵祿盈而忠衰於君。」由此而推衍出性惡一說。李宗吾認為：情感一事，「距我越近，愛情越篤，愛情與距離成反比例。」

因此孟荀兩人都沒有錯，都是從「我」為中心出發，只不過視角不同。孟子是站在甲圖之中，向外看去，所以見得人的天性，都是孩提愛親，稍長愛兄，再進則愛鄰人，愛本省人，愛本國人，以此層層放大，因此會說「老吾老，以及人之老，幼吾幼，以及人之幼」這樣的話。而荀子則是站在乙圖之外向內看去，所以看到人見花忘石，見犬忘花，見人忘犬，見了朋友忘了他人，層層縮小，及至房子倒下來，赤裸裸的只有一個我，連至好的朋友都忘去了，所以荀子喜言禮，借助「禮」來遏制人固有的惡性。孟荀兩人所說，原本一理，只不過是名詞不同而已。

甲圖：（外國人（本國人（本省人（鄰人（兄（親（我））

乙圖：（石（花（犬（他人（友（我）

到了宋代，問題就出來了，宋儒都是孟子一派，他們在孟子的學說上繼續推衍，推出「存天理、滅人欲」，提倡去「私欲」。在李宗吾看來，松儒這種學說與孟子學說最大的區別在於：「孟子之學說，不損傷我字，宋儒之學說，損傷我字。」李宗吾大筆一揮，又畫了幾個圓圈，一下子就把宋儒的問題揭出來了。

丙圖：（太陽（地球（草木（禽獸（人類（國人（鄰人（兄弟（妻子（我）

李宗吾畫完這個圖，說了這樣一番話：

私字的意義，許氏說文，是引韓非的話來解釋的。韓非原文：「倉頡作書，自環者謂之私，背私謂之公。」環即是圈子，私字古文作厶，篆文作厶，畫一個圈。公字從厶從八，八是把一個東西破為兩塊的意思，故八者背也。「背私謂之公」，即是說：把圈子打破了，才謂之公。假使我們只知有我，不顧妻子，環吾身畫一個圈，妻子必說我徇私，我於是把我字這個圈撤去，環妻子畫一圈；但弟兄在圈之外，又要說我徇私，於是把妻子這個圈撤去，環弟兄畫一個圈；但鄰人在圈之外，又要說我徇私，於是把弟兄這個圈撤去，環鄰人畫一個圈；但國人在圈之外，又要說我徇私，於是把鄰人這個圈撤去，環國人畫一個圈；但他國人在圈之外，又要說我徇私，這只好把本國人這個圈子撤了，環人類畫一個大圈，才可謂之公。但還不能謂之公，假使世界上動植礦都會說話，禽獸一定說：你們人類為甚麼要宰殺我們？未免太自私了。草木問禽獸道：你為甚麼要吃我們？你也未免自私。泥土沙石問草木道：你為甚麼要在我們身上吸收養料？你草木未免自私。並且泥土沙石可以問地心道：你為甚麼把我們向你中心牽引？你未免自私。太陽又可問地球道：我牽引你，你為甚麼不攏來，時時想向外逃走，並且還暗暗的牽引我？你地球也未免自私。再反過來說，假令太陽怕地球說它徇私，他不牽引地球，地球早不知飛往何處去了。地心怕泥土沙石說他徇私，也不牽引了，這泥土沙石，立即灰飛而散，地球就立即消滅了。【20】

因此，「遍世界尋不出一個公字，通常所謂公，是畫了範圍的，範圍內人謂之公，範圍外人仍謂之私。」「人心之私，通於萬有引力，私字之除不去，等於萬有引力之除不去，如果除去了，就會無人類，無世界。宋儒去私之說，如何行得通？」也正因為宋儒立論無「我」，所以「讀孟子之書，靄然如春風之生物；讀宋儒之書，凜然如秋霜之殺物。」【21】

經過了這一方考察論證之後，李宗吾說：「孟子的性善說和荀子的性惡說，合而為一，就合乎宇宙真理了。二說相合，即是告子性無善無不善之說。」[22]告子說了些什麼呢？告子說：「性猶湍水也，決諸東方則東流，決諸西方則西流。」至此，轉了一個大圈，回到了李宗吾自己的結論上，「心理依力學規律而變化」。

李宗吾的論述沒有絲毫的學究氣，但是無疑和科玄論戰的參戰者一樣，他做《心理和力學》的目的，是想發現「一種基本精神、基本態度、基本方法，來改造中國人，來注入到中國民族的文化心理中」[23]去，與五四中的諸多科學派知識份子相比，後者是從西方尋找資源，李宗吾雖然也用了科學的名義，他走的卻是玄學的路子，是又一次的「接著講」。李宗吾這種論述，既可以看作是科玄論戰思潮在民間的延續，同時也可以看作是李宗吾在學問上打通古今的一種嘗試。

另一方面，十七世紀科學革命、數學方法的成功，給西方哲學家留下了深刻的烙印，笛卡兒、斯賓諾莎、萊布尼茨、霍布斯，無不賦予其論證某種數學結構，認為自然科學的成果，可以運用到政治、倫理、玄學、神學等領域，一切人文現象也都有公理法則。英國經驗論哲學家更是把心裏的組成部分，比作牛頓所說物理界的粒子，不惜把哲學機械化。啟蒙時代的法國哲學也多具科學的想像，如迪德羅，把社會生活比作一個大工廠的實驗場。一直要到康得，才結束把哲學變成科學的野心。

及至十九世紀，欲在中國謀求變法圖強的聖人康南海在其所著的《實理公法全書》中，以幾何公里為人文立法。如「人類平等是幾何公理」，「凡男女之約，不由自主，由父母定之」與「幾何公理不合，無益人道」，「父母與子女，宜各有自主之權者，幾何公理也」，等等。汪榮祖先生在其撰寫《康有為論》時，敏銳地觀察到了這一點，在《康有為論》中，汪榮祖寫道：「康有為對於這些西方哲學家顯然都不熟悉，他只是接觸到西方的自然科學，憑其敏銳和捷思，驚羨彼邦科學思維的嚴密，異代不約而同地認為數學乃最完備的知識。十九世紀的康有為用幾何公理論斷人類平等、人倫關係、禮儀刑罰、教事治事等，無意間與十七、十八世紀英、法哲學家貌異心同，在科學衝擊下，同具『知識論上的偏見』，可以說是比較思想史上一個頗為有趣的例子。」[24]汪榮祖提供的視角，拿李宗吾的《心理與力學》與康有為的《實理公法全書》相互參照，則不能不說，這是中國近代思想史一條頗具意味的思想脈絡。

二、不同俗流，批評達爾文主義和克魯泡特金學說

李宗吾一生從未跨出國門，甚至四川。但是思想敏銳的他卻對當時流行的種種思潮保持了高度的敏感。當然，這裏所說的高度敏感也只從李宗吾這個角度來說。作為一個並不處在中國知識界中心的人物，李宗吾並沒有機會再第一時間接觸到當時興起的種種思潮。這種原因也造成了一個富有意味的現象，就是某一思潮在知識界「你方唱罷我登場」之際，這種思潮在民間依然延綿流布。李宗吾在《心

理與力學》中對於達爾文主義和克魯泡特金學術的批評，是一個典型的例子。在二十世紀上半頁的中國，國家的積貧累弱，讓一批知識份子對於中國的傳統文化產生了動搖，隨著大清帝國第一批留學生的歸來，知識界開始企圖借鑒西方思想，挽救國家局勢。種種思潮，接連而起。達爾文主義和克魯泡特金學說在上個世紀中都曾經是盛極一時的學說，引得無數知識份子競折腰。這在下面的行文中筆者會詳細說到。而在上個世紀興起的種種思潮之中，李宗吾單單注意到了社會達爾文主義和克魯泡特金的思想，絕非偶然，而是與他注重個人主義的思路一脈相連，前面二者皆是從個人主義發端，而演化成兩種極端的學說，到了李宗吾這裏，再次進行了調和。他對社會達爾文主義和克魯泡特金思想批評，延續了「厚黑學」中隱藏的個人主義的思路，同時也可以看作李宗吾試圖融會中西學說的嘗試。

先說達爾文主義，嚴格來說，嚴復並不是第一個介紹達爾文進化論的中國人，中國最早翻譯達爾文的《物種起源》這部書的，是一九一八年馬君武的文言文本，這部書籍流傳不廣泛；一九五四年，周建人等人翻譯了現在我們看到的商務印書館的《物種起源》本，由於當時印數少，達爾文的這部原著同樣並不為中國人所廣泛熟悉。但是中國人第一次知道達爾文的名字以及進化論，則是源自嚴復。還要回到戊戌變法，才能說清楚。作為戊戌變法的第四位重要人物，嚴復「不但懂得西方語言而且也直接觀察過西方」[25]。與其他的變法者相比，「嚴復的政治態度是非常溫和的，因為他提出的僅僅是漸進的制度改革和政治革新。但是，這是和預期未來中國文化將經歷一場徹底的改造這樣一種思想上的激進態度聯繫在一起的。他在政治上的漸進主義和在思想上的激進主義二者都產生於他的社會達爾文主義的基本觀點，而這主要是他研究斯賓塞哲學的成績。」[26]在這樣一種「思想上的激進態度」支配之下，嚴復於一八九五—一八九八年間通過翻譯赫胥黎的《進化論與倫理學》把達爾文學說介紹到了中國。他在翻譯中行進了自己的選擇和加工，並且認為自然界的進化規律完全適用於人類社會，這種思路，實際上是受到了斯賓塞影響的社會達爾文主義的結果。「嚴復的著作和翻譯立即對讀者發生了重要的影響。他的《天演論》在一八九八年出版後取得了同聲相應同氣相求的效果，甚至在出版以前已有影響，因為康有為和梁啟超讀過原稿，在它出版以前已經對嚴復佩服得五體投地。」[27]一時之間，「物競天擇，適者生存」成了中國知識界掛在嘴邊的時髦新名詞，並且歷久不衰。十年之後，正在澄衷學堂求學的胡洪騂請他的哥哥為他起一個表字的時候，那位深染世風的開明哥哥說：「就用『物競天擇，適者生存』的『適』字，好不好？」[28]由此可見嚴譯《天演論》在中國的影響。

李宗吾撰寫《心理與力學》的時候，《天演論》的影響從領風氣之先的思想界已經傳入民間，一向注意各種思潮的李宗吾當然不會錯過。一生從未出過國門也不懂外語的李宗吾沒有機會看到赫胥黎原著中對於達爾文主義的反思，但是卻敏銳地嗅到嚴譯中的偏差並且進行了糾偏。在李宗吾的《心理與力學》一書中，他批判的矛頭指向了達爾文，其實李宗吾不瞭解，他指向的並非達爾文，而是翻譯《天演論》的嚴復。之後在張默生的《厚黑教主李宗吾傳》也延續了李宗吾自己的說法。

李宗吾一出手就打到了嚴譯著作的「七寸」，他的看法與嚴復恰恰相反，即自然界的進化規律不能完全適用於人類社會，並且提出了八點修正：「同是一個人，智識越進步，眼光越遠大，競爭就越減少」，「競爭以適合生存需要為准，超過需要以上，就有弊害」，「同是一國的人，道德低下者，對於同類，越近越競爭，道德高尚者，對於同類，越近越退讓」，「競爭之途徑有二：進而攻人者，處處衝突，常遭失敗：返而自奮者，不生衝突，常占優勝」，「凡事以人己兩利為主，二者不可得兼，則當利人而無損於己，抑或利己而無損於人」，「生物界相讓者其常，相爭者其變」，「進化由於合力」，[29]「對人相讓，以讓至不妨害我之生存為止，對人競爭，以爭至我能夠生存即止」。[30]然而，身處學界之外，李宗吾的這種思想依然無法成為思想界的主流意識。《天演論》在二十世紀初曾激起中國奮起「救亡圖存」的歷史作用，也為之後的唯物史觀登上歷史舞臺開闢了道路，「由進化論走到唯物史觀，在中國知識群中，是順理成章，相當自然的事情。」[31]及至後來，「競爭」在唯物史觀中演化為「鬥爭」，因而引發後來的文化大革命，以至於有的學者指出，嚴復的有意的「誤譯」和國人「誤讀」的結果是「中國人把『倫理學』給丟了。」[32]如果我們再回過頭來看看李宗吾在《心理與力學》中對指向達爾文實則是指向嚴譯著作的批評：「達爾文發明『生物進化』，等於牛頓發明『地心吸力』，是學術界千古功臣，惟有他說『生存競爭』，因而倡言『弱肉強食』，流弊無窮，我們不得不加以修正。」[33]歷史的機會，原來是如此容易錯過！

就在李宗吾提出對社會達爾文主義糾偏的三十多年前，西方一位思想家也提出了對社會達爾文主義的抗爭。那就是克魯泡特金的《互助論》，克魯泡特金在《互助論》中認為「互助」是一種宇宙人類的普遍現象，不僅存在於動物自然界，也存在於從「蒙昧人和半野蠻人的社會」到「現代文明」

的人類社會，它是從動物到人類的一種「生活法規」，一種本能，所以他說：「合群、互助與互相扶持的需要與人類的本性是不能分離的，」其次，「互助」也是人類社會進化的重要原因，「互助的根源很早就深深地滲入人類過去的進化中」，而且比「競爭」更重要，「我們可以堅決地承認互助與互爭皆是自然界中的法則；但是論起進化的原因，互助或許比較互爭重要得多，因為互助大有利於種族的保存和發展，互助能以較少的勞力予各個體的較大的安適和愉快」；第三，「互助」本身就是一種道德情感，就是「愛、同情、犧牲」，「人類道德之進步，如按大體立論，亦由互助的原理逐漸擴張而成」。[34]

克魯泡特金的思想是伴隨著無政府主義思潮和西方各種社會主義思潮而傳入中國的。至遲在一九〇七年，他的《告少年》、《秩序》就曾由新世紀書報局作為《新世紀叢書》被譯介到中國（譯者為「真民」），中國無政府主義者正是以克氏「互助論」來挑戰競爭進化論的，也就是說，嚴復進化史觀在風靡了多年後，開始遭到了互助模式的挑戰。同在一九〇七年，「兩個距離遙遠但思想類似的無政府主義者小組幾乎同時在巴黎和東京中國留學生中間出現」。[35]在巴黎的無政府主義小組以李石曾和吳稚暉為代表，他們的陣地是《新世紀》，這一派人的思路依然遵循西方惟科學主義的路子；與之可對比的是在日本東京留學的以劉師培以及他的妻子何震為代表的另外一個無政府主義小組，在他們出版的刊物《天義》中，更多的言論雖然是從無政府主義的思潮中獲得了靈感，但是他們卻轉而回過頭來到中國本身固有的典籍中去尋找靈感。辛亥革命之後，中華民國的建立為無政府主義者的思想在中國的自由傳播開闢了道路。此時在宣傳活動中起帶頭作用的一個是劉師復組織的心社，第二個是江亢虎成立的「中國社會黨」。這時期各派人士幾乎都程度不同地受到無政府主義思潮的影響。如晚年孫中山闡述的國家學說中就有明顯的克魯泡特金互助論的印跡，在其所著《心理建設》中說：「物種以競爭為原則，人類則以互助為原則。社會國家者，互助之體也；道德仁義者，互助之用也。人類順此原則昌，不順此原則則亡」。著名的文化保守主義者、現代新儒學重要代表人物之一梁漱溟先生對克魯泡特金十分欣賞，稱「克魯泡特金從一切鳥獸蟲豸見其許多互助的事實，證明互助在動物生活上的重要，指出他們都有互助的本能。從這種本能才有社會，後來社會不過成於這個上邊，所謂倫理道德也就是由這『社會的本能』而來的。」[36]即使是當時初步接受了馬克思主義的先進人物也受到無政府主義思想的影響。中國共產黨第一次全國代表大會召開之時，全國各地五十二位黨員中，不同程度地受到過無政府主義影響的有二十二人之多。鑑於這樣的事實，有學者甚至認為：當時中國「越是先進的知識份子，接受無政府主義影響的比例就越大。」[37]最明顯的例子是李大釗，李大釗在「五四」運動前後受到克魯泡特金無政府共產主義的影響，他說：

我們試翻Kropotdin的《互助論》(MutualAjd)，必可曉得「由人類以至禽獸都有他的生存權，依協合與友誼的精神構成社會本身的法則」的道理。我們在生物學上尋出來許多證據。自蟲鳥牲畜乃至人類，都是依互助而進化，是由個人主義向協合與平等的方面走的一個長路程。……人類應當相愛互助，可能依互助而生存，而進化。[38]

還有毛澤東，毛澤東曾自述其「五四」時期讀過一些宣傳無政府主義的小冊子，與無政府主義者朱謙之「討論無政府主義和它在中國的前景」，坦承「我贊同許多無政府主義的主張」。[39]青年毛澤東還在其所作〈民眾的大聯合〉一文中稱馬克思為激烈派、克魯泡特金為溫和派，讚賞後者的互助論，說克氏「一派人的思想，更廣、更深遠。他們要聯合地球的一周，聯合人類作一家。」[40]還有惲代英，惲在一九一三年開始即已信仰無政府主義，一九一七年發起組織互助社，社名即出自克魯泡特金的互助論，謂：「吾自信無政府主義」[41]。

克魯泡特金的互助論經主流知識界流傳到民間之時，馬克思主義已經被中國主流知識界接受，開始在中國興起了。到一九三八年之前，李宗吾開始接觸到流傳到中國已久的克魯泡特金的思想之時，克魯泡特金的學說在中國思想界已經是時過境遷，明日黃花。然而李宗吾對此並不知曉，他再次不同俗流，對克魯泡特金的學說提出了自己的「商榷」。

在李宗吾看來，社會達爾文主義把動物界的進化規律適用於人類社會固然是錯誤的，但是克魯泡特金把通過對原始人類的考察而得出的規律適用於現代社會也是不可取的：「崇信達爾文之互競說，勢必壓制他人，使他人之力線鬱而不伸，而衝突之事以起；崇信克魯泡特金之互助說，勢必借助他人，養成依賴性，而自己不能獨立，於我國現情俱不合。」[42]李宗吾首先指出了克魯泡特金邏輯上的缺陷：

克魯泡特金說：互助為人類天性，這條公例也是克魯泡特金自己破壞了的。請問：人類天性既是互助，為甚克魯泡特金，要講無政府主義，想推翻現政府，而不與政府講互助？為甚政府要處罰他，推之下獄，而不與克魯泡特金講互助？有了這種事實，所以克魯泡特金的學說，也不能不加以修正。[43]

當時國內思想界之所以引進西方的各種思潮，其著眼點並非在學術方面，而是延續魏源「師夷長技以制夷」的思路，為內有積貧之困、外有喪權之辱的中國尋求出路。在這樣的一個大背景下，迷茫的中國知識份子一旦認為西方的某種學說可以引導中國走出一個新局面之後，便把其視為「救命稻草」，不假思索的引入國門。李宗吾對於克魯泡特金的糾偏，正是在這樣的一種背景之下，不同的是李宗吾在接觸這些思想之時，都用自己習慣了「宗吾」的大腦過濾了一遍。在李宗吾看來，「治國採用互競主義有流弊，採用互助主義，也有流弊」，那麼，出路在何方？李宗吾給出了答案：「必須採用合力主義」。

人身之組織，既是合力主義，身體是許多細胞構成，每一細胞都有知覺，等於國中之人民，大腦等於中央政府，全身神經，都可直達於腦，等於四萬萬五千萬人，每人的力線，都可直達中央，成為合力之政府。目不與耳競爭，口不與鼻競爭，手不與足競爭，雙方之間非常調協，故達爾文之互競主義用不著；目不須耳之說明而能視，口不須鼻之說明而能言，手不須足之幫助而能執持，個個獨立，自由表現其能力，克魯泡特金之互助主義，也用不著。目盡其視之能力，耳盡其聽之能力，口鼻手足，亦各盡各之能力，把各種能力，集合起來，就成為一個健全之身體，是之謂合力主義。我國古人有曰：「以天下為一家，以中國為一人。」已經發見了這個原則。[44]

因此，克魯泡特金「講的互助不錯，錯在無政府主義，必須有了政府，才能談互助，無政府是不能互助的。」[45]

注釋

【1】【2】【14】張默生：《厚黑教主李宗吾傳》，北京，團結出版社，一九九五。

【3】【4】李宗吾：《心理與力學》，轉引自《李宗吾雜文經典全集》，長春，時代文藝出版社，二〇〇三。

【5】陳遠：〈生死皆寂寞的教育思想家李宗吾〉。

【6】參見《中國物理學史大系．力學史》，戴念祖、老亮著，湖南，湖南教育出版社，二〇〇一。

【7】【8】【12】費正清：《劍橋中國民國史》，北京，中國社會科學出版社，一九九八。

【9】張君勱：〈人生觀〉，載《科學與人生觀》，上海，亞東圖書館，一九二三年。轉引自《中國現代思想史論》，李澤厚著，天津社會科學出版社，二〇〇三。

【10】丁文江：〈玄學與科學〉，載一九二三年四月《努力週報》四十八期—四十九期。

【11】【13】李澤厚：《中國現代思想史論》，天津，天津社會科學出版社，二〇〇三。

【15】李宗吾：《心理與力學》出版序言，寫於民國二十七年一月十三日。

【16】李宗吾：《心理與力學》再版序言，寫於民國三十一年十月八日。

【17】載《科學與人生觀》，上海亞東圖書館，一九二三年。

【18】【19】【20】【21】【22】李宗吾：《心理與力學》，轉引自《李宗吾雜文經典全集》，長春，時代文藝出版社，二〇〇三。

【23】李澤厚：《中國現代思想史論》，天津，天津社會科學出版社，二〇〇三。

【24】汪榮祖：《康有為論》，北京，中華書局，二〇〇六。

【29】單說這一點有點費解，我們引李宗吾來說明，在文章中，李宗吾說：依達爾文的說法，凡是強有力的，都該生存，我們從事實上看來，反是強有力者先消滅。洪荒之世，遍地是虎豹，他的力比人更大，宜乎人類戰他不過了，何以虎豹反會絕跡？第一次世界大戰以前，德皇勢務最大，宜乎稱雄世界，何以反會失敗？袁世凱在中國勢力最大，宜乎成功，何以反會失敗？有了這些事實，所以達爾文的學說，就發生疑點。我們細加推究，即知虎豹之被消滅，是由全人類都想打他，德皇之失敗，是由全世界都想打他，袁世凱之失敗，是由全中國都想打他。思想相同，就成為方向相同之合力線，虎豹也，德皇也，袁世凱也，都是被合力打敗的。我們可以定出第七條原則：「進化由於合力。」懂得合力的就生存，違反合力的就消滅，懂得合力的就優勝，違反合力的就劣敗。像這樣的觀察，則那些用強權欺凌人的，反在天然淘汰之列。此達爾文學說之應修正者七。

【25】【26】【27】【35】費正清：《劍橋中國民國史》，北京，中國社會科學出版社，一九九八。
【28】胡明：《胡適傳論》，北京，人民文學出版社，一九九六。
【30】【33】【42】【43】【44】【45】李宗吾：《心理與力學》，轉引自《李宗吾雜文經典全集》，長春，時代文藝出版社，二〇〇三。
【31】李澤厚：〈試談馬克思主義在中國〉，載《中國現代思想史論》，天津，天津社會科學出版社，二〇〇三。
【32】紀坡民：〈「誤讀」的懲罰：為什麼國人認為西方人沒道德？〉載二〇〇五年二月《文匯報》。
【34】克魯泡特金：《互助論．導言》，上海，開明書店，一九三九。
【36】梁漱溟：《東西文化及其哲學》，商務印書館，一九二二。
【37】劉勇：〈對早期馬克思主義者與無政府主義鬥爭的再評價〉，載《中國青年政治學院學報》一九九三年第二期。
【38】李大釗：〈階級競爭與互助〉，載《每週評論》第二十九號，一九一九年七月六日。
【39】斯諾：《西行漫記》，北京，三聯書店，一九七九年。
【40】《湘江評論》第二十三期。
【41】惲代英：《惲代英日記》，北京，中央黨校出版社，一九八一。

第十八章　啟蒙和救亡雙層變奏之下的李宗吾

一、《社會問題之商榷》：李宗吾的社會制度設計

《心理與力學》的完成，標誌著李宗吾對於厚黑學在學理上的完善和補充。（參見第十七章）同時，隨著《厚黑學》各種版本的流布，也使李宗吾在民間獲得了廣泛的名聲。[1]他一下子變得躍躍欲試，開始要涉足到其他的領域中了。《社會問題之商榷》就是這樣的情況下寫出的。這是李宗吾個人寫作《社會問題之商榷》的小背景。另一方面，自從鴉片戰爭之後，國人開始放眼望世界，希望能夠在西方學說中尋找中國的出路。以上各章敘述的上個世紀的種種思考，可以說是知識界在這個層面上做出的嘗試。在另一個層面，救亡的局勢和國家的利益讓新興起的革命派顯然等不及先著手進行文化思想上的建設，而開始了採用革命手段改造社會，在革命成功之後希望能夠在社會制度設計上一勞永逸的解決中國的現實問題。孫中山是這方面的先行者，之後興起的共產黨也寄希望在社會制度的根本解決上。在這樣的大背景之下，李宗吾本著他在《心理與力學》中所提出的「合力主義」，寫下了一篇〈社會問題之我見〉，在民國十六年（一九二七年）刊入《宗吾臆談》，民國十八年擴大為單行本，名為《社會問題之商榷》。

這本小冊子，可以看作在上個世紀激蕩不止的種種思潮中，李宗吾提出的社會制度設計。在李宗吾的制度設計中，重點放到了公私財產的區分上，與李宗吾過去的著作一脈相承，這本小冊子不注重理論，而是依然注重實施層面上的可能性。李宗吾認為：「大凡主持國家大計的人，眼光必須注及數百年後，斷不能為區區目前計」，「我輩改革社會，當懸出最遠大的目標，使人知道前途無有止境，奮力去做，社會才能日益進化。並且有了公眾的目標，大家向之而趨，步驟一致，社會才不至紛亂。」【2】

所以在《社會問題之商榷》的一開始，李宗吾就說：「我們想要解決社會問題，首先當研究的，就是世界上的財物，哪一種應當歸諸社會公有，哪一種應當歸諸個人私有，先把這一層研究清楚了，然後才有辦法。」在李宗吾看來，「地球生產力和機器生產力，是社會公有物，不許私人用強力佔據或用金錢買賣。腦力體力，是個人私有物，如果要使用他，必須給予相當的代價。」【3】

所謂地球生產力，是指土地以及由土地衍生出來的種種自然物。地球生產力為什麼不能私有？李宗吾舉例說：

例如我們請人種樹，每日給以工資口食費壹元，這壹元算是勞力的報酬，所種之樹，經過若干年，出售與人，得十元百元或千元，我們所售者，是地球內部的生產力，不是種樹人的勞力，因為他的勞力，是業已報酬了的。當初種樹的工人，即無分取樹價之權。地球是人類公有物，此種生產力，即該人類平攤。【4】

再如機器生產力，由人力生產進入機器生產之後，效率提高很多，但是這提高的效率，「被資本家奪去，固是不平之事，全歸工人享用，也是不平之事」。因為

> 發明家發明機器，是替人類發明的，不是替哪個私人發明的。猶之前輩祖人遺留的產業一般，後世子孫，各有一份，我們對發明家，予以重大的報酬，他那機器，就成了人類共有物。現在通行的機器，發明家早將發明權拋棄了，成了無主之物，它的生產力，即該全人類共同享有。[5]

雖然，「土地和機器，該歸公有，理由是很正當的。但是已經歸入私人之土地機器，究竟該用甚麼手段把它收歸公家，這是亟待研究的。」因為「我國私人的土地和機器，都是用金錢購來的，細察他們金錢之來源，除了少數人，是用非理性手段從人民手中壓取得來，其餘人的金錢，大概是由勞心勞力得來的，換言之，是用腦力體力換來的。我們既承認腦力是個人私有物，如果把地主的土地和廠主的機器無代價的沒收了，就犯了奪私有物以歸公之弊，社會上當然起絕大糾紛，當然發生流血慘禍。」[6]關於這一點，李宗吾在孫中山的著作中得到啟發，孫中山在作為他的社會制度的《孫文學說》中說：「我們所主張的是公產公將來不共現在，這種將來的共產，是很公道的辦法……」在李宗吾的設想中，所有這些辦法，尤其要注意的是「當從勸導入手，使各地人民，喜喜歡歡的去辦理，不能用嚴刑峻法，強迫人民辦理。」[7]

民國二十六年（一九三七年），國民政府定於十一月十二日召開國民代表大會，制定憲法，作為曾經在體制內任職的李宗吾位卑未敢忘憂國，寫下了一篇〈制憲私議〉，在那篇文章裏，李宗吾提出了他關於政治上的制度設計。李宗吾認為要實行民主共和制，辦法很簡單，「只消把真正君主專制國的辦法，打一個顛倒，就成為真正的民主共和國了」。【8】

「君主專制國，是一個人做皇帝；我們實行民主共和制，是四萬萬五千萬人做皇帝，把一個皇帝權，剖成四萬萬五千萬塊，合夥做一個皇帝，現在就要研究這每塊皇帝權如何行使了。」【9】

「君主專制時代，軍機大臣的議決案，須奏請皇帝批准，方可實施。民主共和時代，國會的決議案，須經全體人民投票認可，方能實施。小事，由國會議決施行；大點的事，由各省議會議決施行；再大的事，由各縣議會議決施行；挺大的事，才由全體人民投票公決。最困難的，是如何能使四萬萬五千萬人，直接投票，直接發表意見，不致為人操縱舞弊，這就須大費研究。」【10】

從今天看來，李宗吾的社會制度設計明顯帶有烏托邦的色彩，而顯得有些不切實際。而在當時的中國，眾多的知識界人以及革命者與其說是堅定的，不如說是迷茫的，與其說是目標明確，不如說是摸索前行，那時每一種西方流行的思潮，都會吸引一批知識份子。國家落後的現狀，讓當時的知識份子嚴重地喪失了自信心。以致於他們覺得吸引他們的那些西方思潮是可以使中國擺脫貧困落後狀況的濟世良方。對於此，李宗吾曾經在《厚黑叢話》中表達了自己的不滿，他說：「中國從前的讀書人，一開口即是詩云書云，孔子曰，孟子曰。戊戌政變以後，一開口即是達爾文曰，盧梭曰，後來又添些杜威曰，孟子曰，馬克思曰，純是以他人的思想為思想。究竟宇宙真理是怎樣，自己也不伸頭去窺一下，未免過於懶惰了！」[11]李宗吾的制度設計明顯受到了最近進入中國的馬克思主義以及亞當斯·密所著的《原富》的影響，但是更明顯的是受到了孫中山學說的影響，試圖在為剛剛興起的資產階級制度進行完善的嘗試。郭齊勇評價熊十力的時候曾經說熊「身處於五四之後，心卻在辛亥之時」[12]，這句話用在李宗吾身上，是多麼的貼切！

二、厚黑救國，在啟蒙和救亡的雙層變奏之下

李宗吾寫完〈制憲私議〉之後，本想繼續寫一篇〈外交私議〉，讓他的社會制度設計形成一個完整的系統，但是突如其來的七七事變打亂了李宗吾原來的寫作計畫，讓他開始談起「抗日」來了。

我們先來看看李宗吾的救國言論，在七七事變爆發的前一年，李宗吾在華西日報連載的《厚黑叢話》中說：

「我國有四萬萬人，只要能夠聯為一氣，就等於聯合了歐洲十幾國。我們現受日本的壓迫，與其哭哭啼啼，跪求國聯援助，跪求英美諸國援助，毋寧哭哭啼啼，跪求國人，化除意見，協助中央政府，先把日本驅逐了，再說下文。人問：國內意見，怎能化除？我說：你把厚黑學廣為宣傳，使一般人瞭解厚黑精義及厚黑學使用法，自然就辦得到了。」【13】

對於國內內戰頻仍的形勢，這位厚黑教主也發表了意見：

「我發明厚黑學，一般人未免拿來用反了，對列強用厚字，搖尾乞憐，無所不用其極；對國人用黑字，排擠傾軋，無所不用其極，以致把中國鬧得這樣糟。我主張翻過來用，對國人用厚字，事事讓步，任何氣都受，任何舊帳都不算；對列強用黑字，凡可以破壞帝國主義者，無所不用其極，一點不讓步，一點氣都不受，一切舊帳，非算清不可。然此非空言所能辦到，其下手方法，則在調整內部，把四萬萬根力線排順，根根力線，直射列強，這即是我說『厚黑救國』。」【14】

據張默生在《厚黑教主李宗吾傳》中記載，據說是隨著「七七事變」的第一聲炮響，李宗吾隨即以筆應戰，當時的天氣，揮汗如雨，李宗吾不顧一切，在數個晝夜之中，不停揮毫寫就了數萬言的〈抗日計畫商榷書〉。在這篇文章中，這位一向嬉笑怒罵的厚黑教主收起以往的風格，對於中日情勢和世界全局作了一番徹底的觀察：

世界上的英蘇美法德意日，成了兩個集團：德意日三國，成為一個法西斯集團；英蘇美法四國，成為一個集體安全集團。我國同弱小民族，另成一個三民主義集團。把世界剖為三個集團，這又是魏蜀吳三國的形勢。法西斯集團主張侵略，是我們的敵人；集體安全集團，主張維持世界和平，是我們的友人。在這種情形之下，我們這個集團，與英蘇美法集團，等於蜀吳兩國，有聯合的必要。我們把中國主義宣佈出來，世界弱小民族，信從中國主義的，加入中國集團；信奉西洋主義的，加入英蘇美法集團。這兩個集團，同時向法西斯集團進攻，不言互助，而互助自在其中。

就現在的局勢看來，德意日三國，彷彿擺下了一個「長蛇陣」，擊首則尾應，擊尾則首應。擊西方的德意，則東方的日本應之，擊東方的日本，則西方的德意應之。他們把這種長蛇陣擺下了，就可掠奪中蘇兩國的地方，就可掠奪英法等國的屬地，這是他們的陰謀。這種陰謀一揭開，世界大戰就爆發了。到了那時，我們三民主義集團，圍攻日本，英法那個集團，圍攻德國，使他首尾不能相救，蘇聯東西兼顧，美國為後方糧台，那條長蛇，一擊就斃。須知國際上的或離或合，純以利害為轉移，利害相同則合，利害相反則離。現在國際局勢以明白擺起來了，我們無須同蘇聯定約，無須同英法美諸國商量，也無須強拉弱小民族拉入我們這個集團；只消把中國主義昭告世界，就全國總動員，同日本抗戰到底，弱小民族自然會參加我們這個集團，英蘇美法自然會朝著我們預定的路線走去，這是決然無疑的。而且人貴自立，即使無人與我國聯合，我國單獨對日作戰，不過犧牲較大，時間較長，最終的勝利，決然屬於我國，是之謂自力更生，是之謂自主外交。[15]

至此，李宗吾的厚黑學也為之一變，從純粹的個人主義啟蒙，轉而融入到上個世紀眾多知識份子最終無法擺脫的民族主義，形勢總是逼人強，上個世紀，從梁啟超、嚴復、胡適幾代知識份子來看，沒有一個最初不想從文化啟蒙上著手而發出自由主義的呼喊，然而一旦外侮來臨，國家的利益就會超越個人的利益而退居其次，讓民族主義這種本來與他們本身氣質並不契合的思想意識佔據他們的思想的主要地位。李宗吾的厚黑學也經歷了這樣的階段，在國家動盪之際，李宗吾為厚黑學提出了新的闡釋：「用厚黑以圖謀一己之私利，是極卑劣之行為；用厚黑以圖謀眾人公利，是至高無上之道德。」[16]

然而在這種啟蒙和救亡雙層變奏之下的李宗吾，並沒有因為救亡就忽略了啟蒙，他的言說，在指向救亡的同時，依然對啟蒙念念不忘：

欲求我國獨立？必先求四萬萬人能獨立，四萬萬根力線挺然特立，根根力線，直射列強，欲求國之不獨立，不可得已。問：四萬萬力線何以能獨立？曰：先求思想獨立。能獨立乃能合作，我國四萬萬人不能合作者，由於四萬萬人不能獨立之故。不獨立則為奴隸，奴隸者，受驅使而已，獨立何有！合作何有！[17]

這是因為，「我生平揭的標幟，是『思想獨立』四字。因為思想獨立，就覺得一部二十四史和四書五經，與宋元明清學案，無在不是破綻。《厚黑學》一文，是揭穿一部二十四史的黑幕；〈我對於聖人之懷疑〉一文，是揭穿一部宋元明清學案的黑幕。馬克思的思想，是建築在唯物史觀上；我的思想，可說是建築在厚黑史觀上。」[18]

我們不妨看一下李宗吾對於自己厚黑史觀的說法，作為這一章的結尾：

馬克思發明唯物史觀，我發明厚黑史觀。用厚黑史觀去讀二十四史，則成敗興衰，瞭若指掌，用厚黑史觀去考察社會，則如牛渚燃犀，百怪畢現。……[19]

我們用厚黑史觀去看社會，社會就成為透明體，既把社會真相看出，就可想出改良社會的辦法。我對於經濟、政治、外交，與夫學制等等，都有一種主張，而此種主張，皆基於我所謂厚黑哲理。……我發明厚黑學，猶如瓦特發明蒸汽，後人拿去紡紗織布也好，行駛輪船、火車也好，開辦任何工業都好。我講的厚黑哲理，無施不可，深者見深，淺者見淺。有能得我之一體，引而伸之，就可獨成一派。孔教分許多派，佛教分許多派，將來我這厚黑教，也要分許多派。[20]

以上各章，是對李宗吾一生思想的梳理，不難發現，李宗吾所有的思想，都發端於他所謂的「厚黑史觀」，而這種「厚黑史觀」背後所隱藏的，則是「思想獨立」。

注釋

【1】在一九二八年（《社會問題之商榷》出版）之前，《厚黑學》的發表情況大致如下：一九一二年在成都《公論報》首次發表，一九一七年《厚黑學》單行本刊印，一九二七年《宗吾臆談》刊印，其重要內容也為厚黑學。

【2】【3】【4】【5】【6】【7】李宗吾：《社會問題之商榷》，轉引自《厚黑大全》，北京，今日中國出版社，二〇〇二。

【8】【9】【10】李宗吾：〈制憲私議〉，轉引自張默生：《厚黑教主李宗吾傳》，北京，團結出版社，一九九五。

【11】李宗吾：《厚黑叢話》，載成都《華西日報》民國二十四年九月一日至九月三十日。

【12】郭齊勇：《熊十力及其哲學》，北京，中國展望出版社，一九八五。

【13】【14】李宗吾：《厚黑叢話》載 成都《華西日報》民國二十五年一月二月。

【15】李宗吾：〈抗日計畫商榷書〉轉引自張默生《厚黑教主李宗吾傳》。

【16】李宗吾：《厚黑叢話》卷一，成都《華西日報》民國二十四年八月一日至八月三十一日。

【17】李宗吾：《厚黑叢話》，成都《華西日報》二十五年三月四月。

【18】李宗吾：《厚黑叢話》自序，轉引自《厚黑大全》，北京，今日中國出版社，二〇〇二。

【19】【20】李宗吾：《厚黑叢話》成都《華西日報》民國二十四年八月一日至八月三十一日。

第五部

李宗吾的晚年

第十九章　張默生其人

要理解李宗吾，《厚黑教主李宗吾傳》的作者張默生是一把鑰匙。在李宗吾的晚年，和張默生的交往占了很大的比重，在與張默生的交往中，這位外表佯狂的厚黑教主透露出了自己原本真實的內心。

現在我們能夠看到的關於張默生的資料很少，在當代學者高增德先生主編的《中國當代社會科學家》第五輯中收錄有張默生的公子張碚對於他父親的回憶，在那篇回憶中，我們得以對張默生多少有一些瞭解。

張默生原名張敦訥，山東省臨淄縣人，生於一八九五年，比李宗吾小十六歲。曾歷任國民黨教育部特約編輯（一九三六年八月—一九四一年八月）、上海復旦大學教授（一九四一年九月—一九四六年七月）、四川北碚相輝學院教授兼文史系主任以及重慶大學中文系教授、四川大學中文系教授兼主任。一九五七年年因為「草木」篇問題被劃為右派，被迫停止教學科研工作。一九七九年逝世於成都。

民國八年（一九一九年），張默生考入北京高師英語部，後轉入國文部。據張碚回憶，「時逢『五四運動』以後，學術界蓬勃煥發，有文藝復興之勢，其時（張默生，筆者注）好奇心盛，求知若渴，然以周秦諸子之學，置之第一位。」[1]當時有兩位教授的課，張默生從未缺席。「一為錢玄同先生之授音韻學，一為魯迅先生之授小說史。」「魯迅先生之授課，語多土音，如話家常，探幽鉤沉，如列珍錯；時言涉滑稽，令人絕倒；時則詞含諷刺，令人生畏，似烙印留於記憶中。其後索隱行怪之途，起因於此。」張碚回憶中所說的「索隱行怪之途」，指的是張默生遍尋奇人異士，一一為其做傳，並由此寫就的《異行傳》兩輯，其中收入文學界人物十餘個，每人的學術造詣、治學方法、怪僻程度均有不同，李宗吾即是其中之一。張默生的這種研究，是同他的「態學」研究緊緊聯繫在一起的。張默生在北師畢業之後，任教於齊魯大學，其時的張默生「癖好獨處遐想，亦好群居侈談」。「以是他不訪人，人自訪他。凡來訪者，均以熱情待之，一晤之下，如遇故舊。於是轉相告語，來者日眾，而青年男女，至者尤夥。其中寓有革命思想者，頗不乏人，倍至愛護：款之以飲食，贈之以書籍，每月薪金，如是花銷，無所吝惜。」[2]大軍閥張宗昌督魯時，竟然以此為由，將張默生作為「赤化」嫌疑全省通緝。後來經過德國醫生以精神病為由住進醫院才得以解脫。

張默生住院期間，受到李笠翁〈態度〉一文以及《聊齋》中〈恒娘〉一篇的啟發，認為「欲辨人之妍媸，當取其神韻，不當取其皮相。皮相之美，一時可以動人，久則索然寡味；惟神韻之美者，往往使人心醉神移。」由此對「各種相書、偵探學、人類學、生理解剖學、各種心理學、戲劇電影表情術、歷代偉大傑士傳記、舞臺上之臉譜、各色人等照片均一一尋求之，勾起創說『態學』之絕大心機。」[3]張默生生出這個想法之後，「即於現實生活中找尋卓有成就而行語怪僻者，一旦尋得，求其相識，並遷至其舍同住數月，觀察一言、一行、一舉、一動。」[4]張默生與李宗吾的相識，以這種背景看來，似乎早有註定。

抗戰期間，張默生正在教育部任職，隨後跟隨教育部遷入四川。先住重慶，後來又到青木關。在一九三九至一九四〇年間，張默生連喪三子，心中悲痛。在朋友們的勸說之下，到北碚溫泉遊玩，一遣愁懷。張默生隱痛在抱，無心觀賞佳山佳水，終日悶坐在旅館，或者蒙頭大睡。無聊之時，便到書店亂翻書。話說張默生在書店亂翻書之際，《厚黑學》闖入了他的眼簾。當時張默生個人遭遇的慘痛，招致了他對於諸多世事的不滿：「帝國主義侵略弱小民族，資本家壓迫勞動者，做官的榨取老百姓，聰明人欺凌愚拙者，好人不得好報，惡人坐享安樂……種種的事象都使我憤恨，使我苦悶。」「忽然見到這揭穿人類史上大黑幕的著作，使我的憤恨苦悶，得以發洩舒暢，自然對於著者不禁生同聲相應之感。」[5]接著張默生又連續購買了《中國學術之趨勢》、《考試制之商榷》、《心理與力學》三本李宗吾的著作加以研讀。讀完之後，張默生覺得「他是對於教育、學術及哲理很下過苦心的人；尤其是《心理與力學》一書，可稱為近幾十年來國內思想界僅有之作。」而且，張默生從李宗吾著作的字裏行間，讀出了李宗吾「既不厚，又不黑，甚且還是具有一副菩薩心腸的人。」「只因他抱負甚大，而不得發展，他又不肯厚著臉皮，黑著心腸，在厚黑的場合中，與面厚心黑的人勾心鬥角；於是他憤而揭穿此千古的黑幕，好比燃犀照鼎，使宇內的魑魅魍魎鬼態畢現，教人有所警惕防範的意思。」有了這番認識，醉心「態學」的張默生開始給這位厚黑教主寫信了，他要把這位厚黑教主列入到他的《異行傳》中。

因為不知道李宗吾的住處，因為看到《厚黑叢話》是在成都華西日報連載的，所以張默生把信寄到成都華西日報，請報社轉遞李宗吾。信發出後如石沉大海杳無音信，就在張默生以為不會收到這位厚黑教主答覆的時候，李宗吾的回信到達了張默生手上。

注釋

【1】【2】【3】【4】張碚：〈憶先父張默生〉，載《中國當代社會科學家》第五輯，山西，書目文獻出版社。

【5】張默生：《厚黑教主別傳：我與教主的一段因緣》。

第二十章　李宗吾的佯狂

張默生在信中的具體內容現在不得而知，從李宗吾的回信來看，第一封信應該止於寒暄的程度。下面引李宗吾較早的幾封回信，我們可以從中看出李宗吾的某些心態：

> 得手教，有曾託蓉地友人及部中督學代為訪問，迄無消息，悶損無已等語，讀之不勝知己之感，大有隨園詩話所謂：「自笑長吟忘歲月，翻勞相訪遍江湖」光景。其實足下來書，早已得到；所以遲遲不覆者，則由弟生平不善書，不善作文言文，更不嫺尺牘，絕少與生人通音問。惟與相熟之友人，則提筆亂寫，其字跡之潦草，等於作文之草稿，有時字句未寫通，有錯字別字，我也不管，只求把我的意思使讀者了然就是了。因為惟恐讀者不了然，有時語意重複，說了又說，我常說，李宗吾本來就不通，未必我把此信寫通，人家就說我通了嗎？足下來信，字與文很漂亮，見了生愧，遲遲不敢回信，以來信示友人，友人屢謂我此種盛意不可不覆，所以才勉強寫了一信；及得覆書，情殷語摯，謹把先生作為我平日相熟友人一般，通信隨意亂寫，請恕我潦草之罪，讀畢即焚去，幸勿示他人，致成笑柄。

張默生得信後，隨即報以長函，其中委婉表達了勸告李宗吾不要再講厚黑學的意思，並且還拜託自流井蜀光中學的一位教員孫柏蔚連續去拜訪李宗吾，同樣轉達張默生勸告李宗吾不講厚黑學的意思。三番五次，這位外表佯狂的厚黑教主開始還擊了，我們看李宗吾下面的回信：

> 手教讀悉，昨日孫君復來舍暢談，極感相愛之殷，當託孫君代達鄙意，然恐其語焉不詳，故復敬上此函。先生勸我不必再談厚黑，此為不可能之事。勸我不談厚黑，等於勸孔孟不談仁義，勸韓非不談法術，勸程朱不談誠敬，勸王陽明不談致良知，試問能乎不能？民國元年，發表厚黑學於成都公論日報，當時本用一筆名「獨尊」，然而讀者無不知其為我，於是「李宗吾是厚黑先生」之語，隨處可聞。當時頗為一般人所注視，每舉一事，輒恐李某揭穿之，何嘗不「到處都阻礙」？而我則與之淡然相忘。迄今二十餘年，人盡知李宗吾黔驢無技，亦與我淡然相忘。今若捨去厚黑不講，豈非做賊心虛，故示人疑乎？欲求「到處不阻礙」，反成了「到處皆阻礙」，故不如赤裸裸地說道：「我是厚黑先生」，知我罪我，任之而已。道之行與不行，亦任之而已。鄙人行年六十有二，老夫耄矣，無能為矣。孔子到了這樣年齡，也只有退而寫作，而猶欲有所建白，亦可謂不安分之至矣。來教云：「此時環境需先要打通，否則到處都有阻礙。」打通於我何益？阻礙於我何損？足下以此不入耳之言，來相勸勉，亦惟有心領盛意不敢奉行耳。古人云：「作德心逸日休，作為心勞日拙」，如足下云云，豈不成為「作德心勞日拙」乎？然愛我至此，則終身感激無已！

再有忠告者，足下年方壯盛，前途正遠，幸勿常常齒及賤名；否則見者皆謂張某是李宗吾一流人，則終身事業付諸東流矣。「此時環境需要先打通，否則到處都有阻礙，」足下良箴，謹以還贈。打通之法為何？曰：逢人便罵李宗吾是壞人而已。果能循此行之，包管足下隨處皆不阻礙。足下左右，有所謂「下士」、「下下士」，以吾之慧眼觀之，皆「上士」也，皆「上上士」也，足下何迷而不悟乎？即退一步言之，彼等皆為不識太行山之人，然而吾道之傳，正在此輩。孔子門下，豈非有所謂「參也魯」乎？卒之，一貫之傳，厥為曾子，而聰明善悟之子貢不與焉。足下蓋吾道中聞一知二之子貢也，而鄙薄「下士」、「下下士」，以為不識太行山，籲，足下誤矣！將來鄙人衣缽之傳，絕不在足下，當於「下士」及「下下士」中求之。此是足下自絕於吾道，吾固無容心於其間也。

總之，足下所走者是孔子途徑，鄙人則是釋迦耶穌行為。來書所謂某先生某先生者，亦猶論語上所謂魯哀公季康子諸人也。孔子不幸而遇魯哀公季康子，足下幸而遇某某兩先生，孔子有知，當亦羨煞！鄙人悼歎苦海中人沉淪不返，教之以「求官六字真言」、「做官六字真言」、「鋸箭法」、「補鍋法」，使一切眾生，同登極樂園，同升天堂，此釋迦耶穌之用心也。嗟乎默生，道不同不相為謀，亦惟有「還君明珠雙淚垂」而已！

昨日孫君詳談足下身世，以不肖之判斷，足下決不可入政途，還是從事著述研究學問好了。宋之王荊公是一個學者，一入政界，卒無成績可言；今之任公，著新民叢報時，是何等聲光，一當總長，成績安在？我與足下有同病，願深思之！深思之！八股先生有言：「一卷可傳，天折亦神明之壽。」默生，默生，盍歸乎來！足下同尊夫人輪流抄錄鄙人著作，心感之餘，謹將舊作〈怕老婆的哲學〉一文，隨函附呈，足下可莊錄一通，敬獻尊夫人妝次，較之刺血寫般若經獻之我佛如來，功德萬萬倍也。好，不寫了。鄙人一面寫，一面吃酒，現已醉了，改日再談。

這一廂張默生越是勸李宗吾不講厚黑，那一廂李宗吾越是要大講厚黑。但是張默生既然認定了把李宗吾作為研究對象，哪肯輕易錯過？一邊繼續拜託孫柏蔚去訪問李宗吾，一邊懇請李宗吾寫一自傳，張默生勸李宗吾說，縱不為他人作打算，也該為其厚黑之徒有所法式。如此一來，又引發了一段故事。這這一章暫且不說，抄引李宗吾的信札兩封，以此來看李宗吾外表的佯狂。筆者在第一章中曾說「這個世人眼中佯狂的李宗吾，骨子深處實實在在有一些自卑的成分存在」，這一章算是對第一章的補充。關於李宗吾的自卑，隨後的章節再談。

第二十一章　嬉笑怒罵的怕婆經

筆者曾經在多次場合談到李宗吾和胡適兩個人，認為兩個人之間可資比較之處頗多，很多朋友聽了都覺得新鮮。大名鼎鼎的胡適之無人不曉，但是關於李宗吾的資料則是少之又少，也不怪朋友們聽了新鮮。關於胡適和李宗吾，無論是從文化角度和政治思想層面，都有很多相似甚至一致之處，這是個大題目，暫且不談。這一章講點有意思而且證據明顯的故事，說明李宗吾和胡適之在某種程度上確實惺惺相惜。上一章李宗吾在寫給張默生的信中提到的〈怕老婆的哲學〉，就把這兩位在時代中曾經交叉卻從未碰撞過的人物聯繫在了一起。

早在擔任大學校長之時，胡適就發表過一番「怕老婆」的宏論，這位胡校長對學生說：「一個國家，怕老婆的故事多，則容易民主；反之則否。德國文學極少怕老婆的故事，故不易民主；中國怕老婆的故事特多，故將來必能民主。」到了晚年的胡適對此更是津津樂道，而且形成了自己一套三從四德的「懼內哲學」，所謂三從，是：太太的命令要服從，太太外出要跟從，太太說錯了要盲從。所謂「四得」，則是：太太花錢要捨得，太太生日要記得，太太發威要忍得，太太出門要等得。不惟如此，據胡頌平在《胡適之先生晚年談話錄》中記載，胡適不僅把怕老婆當作他的一句口頭禪，而且還喜歡收集世界各國怕老婆的故事和有關證據。有一次，一位朋友從巴黎捎來十枚銅幣，上面鑄有「P.T.T」的字樣。這使他頓生靈感，說這三個字母不就是「怕太太」的諧音嗎？於是他將銅幣分送朋友，作為「怕太太會」的證章。大名鼎鼎的胡適之博士自然不會沒有來由地津津樂道於怕老婆這個話題，而是把「怕老婆」的性格與民主制度和民族心理聯繫起來。不妨看看胡適對胡頌平說的話：「我真正的收藏，是全世界各國怕老婆的故事。全世界各種文字的怕老婆的故事，我都收藏了，在這個收藏裏，我有一個發現，在全世界國家裏，只有三個國家沒有怕老婆的故事，一個是德國，一個是日本，一個是俄國……現在我們從這個收藏裏可以得到一個結論：凡是有怕老婆故事的國家都是自由民主的國家；反之，凡是沒有怕老婆故事的國家，都是獨裁的或極權的國家。」[1]

對於胡適早年「怕老婆」的宏論，李宗吾是否耳聞，我不得而知。但是，可以確定的是，晚年胡適在海峽彼岸津津樂道於「怕老婆」與民主政治之時，海峽此岸的李宗吾拱墓已朽。這一前一後，一莊一諧的兩位大人物，在不同時不同地，卻發出了驚人的相似的聲音。不過與嚴肅的胡適之比較起來，這位厚黑教主的文字更加嬉笑怒罵，和胡適驚人的相似，李宗吾也曾經極力主張設立「怕學研究會」，並且儼然以怕學研究會會長自居，寫下了〈怕老婆的哲學〉。張默生在論及李宗吾寫這篇文章的動機時如此寫道：「他著此文的動機，想是鑒於吾國的倫常，日趨乖舛，所謂五倫，幾乎是破壞殆盡的，社會上無非是些『好貨財私妻子』的東西；但他卻不像道學家們的一貫作風，說什麼『世風不古，江河日下』的慨歎之詞。他竟喊出『怕老婆』的口號，加以提倡，而且著為專論，名之曰哲學，末附『怕經』，以比儒家的『孝經』，這種諷刺，真可說是惡毒極了！」[2]在筆者看來，張默生的評論也確實如張默生在文章中所寫的「想是」，而非李宗吾的本意。糾察李宗吾的本意，與其說是諷刺，勿寧說是與胡適同聲相和。李宗吾在〈怕老婆的哲學〉中認為：大凡一國的建立，必定有一定的重心，中國號稱禮教之邦，首重五倫。古之聖人，於五倫中特別提出一個「孝」字，以為百行之本。所以才有「事君不忠非孝也，朋友不信非孝也，戰陣無勇非孝也」的說法。全國的重心建立在一個「孝」字上，因而產出種種文明，因此中國雄視東亞數千年，並非偶然。但是自歐風東漸，一般學者，大呼「禮教吃人」，首先打倒的就是「孝」字，全國失去重心，於是謀國就不忠了，朋友就不信了，戰陣就無勇了。有了這種現象，國家焉得不衰落，外患焉得不侵凌？所以李宗吾覺得必須另尋一個字作為立國重心，代替古之「孝」字，而且這個字仍當在無倫中去尋。但是辛亥以後，五倫中的君臣是革了命的，父子是平了權的，兄弟朋友更是早已拋棄了的，所幸的是無倫中尚有夫婦一倫存在，於是怕老婆的「怕」字，就不得不成為全國的重心了。為此李宗吾專門搜集歷朝歷代怕老婆的故事，並撰寫〈怕經〉。〈怕經〉嬉笑怒罵，其實大有深意存焉，我們不妨看看：

教主曰：夫怕，天地之經也，地之義也，民之行也。五刑之屬三千，而罪莫大於不怕。

教主曰：其為人也怕妻，而敢於在外為非者鮮矣。人人不敢為非，而謂國之不興者，未之有也。

君子務本，本立而道生，怕妻也者，其復興中國之本歟？

教主曰：惟大人為能有怕妻之心，一怕妻而國本定矣。

教主曰：怕學之道，在止於至善，為人妻止於嚴，為人夫止於怕，家人有嚴君焉，妻子之謂也。妻發令於內，夫奔走於外，天地之大義也。

教主曰：大哉妻之為道也！巍巍乎惟天為大，為妻則之，蕩蕩乎無能名焉！不識不知，順妻之則。

教主曰：行之而不著焉，習矣而不察焉，終身怕妻，而不知為怕者眾矣。

教主曰：君子見妻之怒也，食之不甘，聞樂不樂，居處不安，必誠必敬，勿之有觸焉耳矣。

教主曰：妻子有過，下氣怡色柔聲以諫，諫若不入，起敬起畏；三諫不聽，則號泣而隨之；妻子怒而不悅，撻之流血，不教疾怨，起敬起畏。

主曰：為人夫者，朝出而不歸，則妻倚門而望；暮出而不歸，則妻倚閭而望。是以妻子在，不遠遊，遊必有方。

教主曰：君子之事妻也，視於無形，聽於無聲。入閨門，鞠躬如也。不命之坐，不敢坐；不命之退，不敢退。妻憂亦憂，妻喜亦喜。

教主曰：謀國不忠非怕也，朋友不信非怕也，戰陣無勇非怕也。一舉足而不敢忘妻子，一出言而不敢忘妻子。將為善，思貽妻子令名，必果；將為不善，思貽妻子羞辱，必不果。

教主曰：妻子者，丈夫所託而終身也。身體髮膚，屬諸妻子，不敢毀傷，怕之始也；立身行道，揚名於後世，以顯妻子，怕之忠也。[3]

當時有人質疑李宗吾，說他的「怕經」和「厚黑經」只知套用四書和孝經的文句，未免無聊。李宗吾的辯解饒有意味：

昔人說，世間那得有古文？無非換字法、減字法罷了。……我們也可以說，世間那得有真革命呢？所謂革命，就是革名詞，不革實質，無非是挖字法、嵌字法罷了。清末以來，革命黨拋卻千千萬萬頭顱，考其實效，也不過把皇帝革成大總統，總督巡撫革成督軍省長，其他種種名詞，改變一下，革命即算成功，實質則依然如故。……即如我李宗吾是個八股先生，這是實質。假如滿清時，有人舉發說：「李宗吾是革命黨」，上峰委員查辦，查辦員複稱：「查得李宗吾品行端方，學術純正，斷不會革命。」到了民國，又有人舉發說：「李宗吾反革命，」上峰委員查辦，查辦員復稱：「查得李宗吾品行端方，學術純正，斷不會反革命。」品行端方，學術純正，實質全沒有變，在滿清時不革命，在民國就會革命，豈非奇事？世上又有一種人，品行實在不端方，學術實在不純正，在滿清則為忠君愛國的正人君子，在民國則為三民主義的忠實信徒，豈不更奇？究其實，無非是表面名詞變、實質不變罷了。只要悟得此理，保管你受用不盡。例如，你當了官吏，有人冒犯了你，你就捉他來，痛打一頓，這本是專制時代的野蠻辦法，而你口中不妨說道：「而今是民主時代了，你這種擾亂秩序的人，君主時代容得過，民主時代斷斷容不過！」這無非是把「君主」二字挖下，嵌入「民主」二字罷了……[4]

這位冷眼看待世界的厚黑教主，在一番嬉笑怒罵中，又把這個世界嘲諷了一次……

注釋

【1】《胡適之先生晚年談話錄》胡頌平編撰，臺北聯經版。
【2】張默生：《厚黑教主外傳：我與教主的一段因緣》。
【3】李宗吾：《怕老婆的哲學》。
【4】轉引自張默生《厚黑教主別傳》。

第二十二章　厚黑教主徵啟六十壽文

一九三八年，李宗吾退出體制之後，在成都滯留了一段時間，一九三九年四月，在他滿過六十歲後不久，便和家人悄然離開成都東勝街三十七號寓所，乘汽車到內江，然後轉乘滑竿，回到了故鄉自流井。在成都滯留那一段時間，李宗吾和張默生之間又發生了一段故事。

張默生和李宗吾數番來往之後，再三催促李宗吾寫一自傳，但是李宗吾嬉笑怒罵地回覆說學者可以寫自傳，但是教主卻不能寫自傳，因為他在厚黑界中的地位，等於儒教的孔子、道教的老子，「孔子有自傳嗎？老子有自傳嗎？倘若不知自重，妄自菲薄，隨著世俗的學者也寫起自傳來，舍去教主不當，降而與學者同列，豈不為孔老竊笑嗎？」最後，這位佯狂的厚黑教主竟然使出了一招「殺手鐧」：如果誰再要他寫自傳，必須按照八股文寫「枯窘題」的手法，為他補寫一篇祝壽的文字。李宗吾說了他的要求：他是生於光緒己卯年正月十三日，民國二十八年滿六十歲，他自己做了一篇徵文啟事，切著正月十三日立論，此文正月十二日用不著，十四日也用不著，其他各月生的更用不著，定要光緒己卯年正月十三日生的才用得著，而且那年的正月十三日非產生一位教主不可。答覆完張默生之後，李宗吾果然就鄭重其事的作了一篇徵文啟事，並且公佈出來。從這篇戲謔的文字中，我們可以看到李宗吾的性情，也可以看出這位「八股先生」的功底，徵文如下：

鄙人今年（二十八年）已經滿六十歲了，即使此刻壽終正寢，抑或為日本飛機炸死，祭文上也要寫享年六十有一上壽了，生期那天，並無一人知道，過後我遍告眾人，聞者都說與我補祝。我說，這也無須。他們又說：教主六旬聖誕，是普天同慶的事，我們應該發出啟事，徵求詩文，歌功頌德。我謂：這更勿勞費心，許多做官的人，德政碑是自己立的，萬民傘是自己送的，甚至生祠也是自己修的。這個徵文啟事，不必煩勞親友，等我自己幹好了。

大凡徵求壽文，例應鋪敘本人道德文章功業，最要者，尤在寫出其人特點，其他俱可從略，鄙人以一介匹夫，崛起而為厚黑聖人，於儒釋道三教之外特創一教，這可算真正的特點：然而其事為眾人所共知，其學已家喻而戶曉，並且許多人都已身體力行，這種特點，也無須贅述。茲所欲說者，不過表明鄙人所負責任之重大，此後不可不深自勉勵而已。

鄙人生於光緒五年己卯正月十三日，次日始立春，算命先生所謂：己卯生人，戊寅算命。所以己卯年生的人，是我的老庚；戊寅年生的人，也是我的老庚。光緒己卯年，是西曆一八七九年，愛因斯坦生於是年三月十九日，比我要小一點，算是我的庚弟。他的相對論震動全球，而鄙人的厚黑學僅僅充滿四川，我對於這位庚弟，未免有愧。此後只有把我發明的學問，努力宣傳，才不虛生此世。

正月十三日，曆書上載明：是楊公忌日，諸事不宜。孔子生於八月二十七日，也是楊公忌日，所以鄙人一生際遇，與孔子相同，官運之不亨通，一也，其被稱為教主一也。天生鄙人，冥冥中以孔子相待，我何敢妄自菲薄！

楊公忌日的演算法，…………

帝王之興也，必先有為之驅除者；教主之興也，亦必先有為之驅除者。四時之序，成功者去。孔教之興，已二千餘年，例應退休，皇以上帝，乃眷西顧，擇定四川為新教主誕生之所，使東魯聖人，西蜀聖人，遙遙對峙。無如川人尚武，已成風氣，特先遣王壬秋如川，為之驅除，此所以王先生一受聘書，而鄙人即嵩生嶽降也。

民國元年，共和肇造，為政治上開一新紀元，同時鄙人的厚黑學，揭登成都日報，為學術上開一新紀元。故民國元年，亦可稱厚黑元年，今年為民國二十八年，也是厚黑紀元二十八年。所以四川之進化，可分三個時期：蠶叢魚鳧，開國茫然，勿庸深論，秦代通蜀而後，由漢司馬相如，以至明楊慎，川人以文學相長，是為第一時期，此則文翁之功也。有清一代，川人以武功見長，是為第二時期，此則張獻忠之功也。民國以來，川人以厚黑見長，是為第三時期，此則鄙人之功也。

民元而後，我的及門弟子和私淑弟子，努力工作，把四川造成一個厚黑國，於是國中高瞻遠矚之士，大聲疾呼曰：「四川是民族復興的根據地！」你想，要想復興民族，打倒日本，捨了這種學問，還有甚麼法子？所以鄙人於所著厚黑叢話內，喊出：「厚黑救國」的口號，舉出越王勾踐為模範人物。其初也，勾踐入吳，身為臣，妻為妾，是之謂厚。其繼也，沼吳之役，夫差請照樣的身為臣，妻為妾，勾踐不許，必置之死地而後已，是之謂黑。九一八以來，我國步步退讓，使勾踐事吳的方式。七七事變而後全國抗戰，使勾踐沼吳的精神。我國當局，定下的國策，不期而與鄙人的學說暗合，這是很可慶倖的。天下興亡，匹夫有責，余豈好講厚黑哉？余不得已也。鄙人發明厚黑學，是千古不傳之秘，而今而後，當努力宣傳，死而後已。鄙人對於社會，既有這種空前的貢獻，社會人士，即該予以褒揚。我的及門弟子和私淑弟子，當茲教主六旬聖誕，應該作些詩文，歌功頌德。自鄙人的目光看開，舉世非之與舉世譽之，有同等的價值。除弟子而外，如有志同道合的蘧伯玉，或走入異端的原壤，甚或有反對黨，如楚狂沮溺、荷蕢、微生母諸人，都可儘量的作些文字，無論為歌頌，為笑罵，鄙人都一一敬謹拜受。將來匯刊一冊，題曰：「厚黑教主生榮錄」。你們的孔子，其生也榮，其死也哀；鄙人則只有生榮，並無死哀。千秋萬歲後，厚黑學炳焉如皎日中天，可謂其生也榮，其死也榮。中華民國萬萬歲！厚黑學萬萬歲！厚黑紀元二十八年，三月十八日，李宗吾謹啟。是日也，即我庚弟愛因斯坦六旬晉一之前一日也。

李宗吾寫完這篇徵文啟事，逕自回了故鄉，但是卻難壞了張默生。雖然和李宗吾一樣，張默生也深受儒學浸染，但是張卻不能接受或者不能完全瞭解李宗吾言必談厚黑的這種戲謔的遊世心態，但是當時醉心「態學」張默生又不肯錯過這個絕好的研究對象。一時之間，騎虎難下。

第二十三章　李宗吾的晚年交往

李宗吾回到故鄉之後，住處小地名叫小竹灣，在自流井匯柴口坡下不遠處，匯柴口是一個高地，為舊時農產品集散地，有商店、茶館、作坊等。挑夫的鹽擔子要經過這裏歇腳，然後下一長長的石梯，來到鹽船的起運碼頭張家沱。小竹灣是宗吾自己給它取的名字，他將這三個字寫在木牌上，掛在竹籬邊，為的是讓郵差一眼能看見。其實這地方很少有人知道。宗吾回鄉後深居簡出，除了與張默生保持書信往還之外，偶爾與余煥文、雷明心喝茶談天，絕少與外界朋友來往。余煥文，家住衛坪鄉糍粑坳，前清廩生，曾為富順縣中、宜賓中學教席；雷明心，家住貢井，雷鐵厓之弟，同盟會員，與宗吾系炳文書院、四川省高等學堂的同學。余雷二人思想、文學修養都較高，與宗吾談得來，儘管時有爭論，但非常投契。

在這一段時期根李宗吾有過來往的外界朋友，一個是前面所說到的孫柏蔚，另外一個則是南懷瑾。孫柏蔚曾經跟據根李宗吾的數度談話，在李宗吾去世之後的一九六一年寫過一篇〈記李宗吾〉的文章。在那片文章中，除了帶有明顯的時代色彩，採用馬克思主義的理論框架評判李宗吾之外，還透露了一點重要的資訊：「他最痛恨蔣介石」。關於這一點，倒也不是沒有緣由，而且還涉及到李宗吾從成都退隱自流井的原因。「抗戰後期，蔣介石躲在大後方坐待勝利。一天，他在重慶看到了《厚黑學》，認為是敗壞世道、危害人心的壞書，下令禁止，並通緝李宗吾。時王纘緒主川，立即削去他的督學職務。宗吾悄然歸來，住在匯柴口小竹灣，深居簡出。」礙於時代的關係，孫柏蔚在文章中沒有寫到自己和李宗吾接觸的細節問題。不過關於孫柏蔚和李宗吾的幾次來往，我們可以從張默生的《厚黑教主別傳——我與厚黑教主的一段因緣》中有個大概的瞭解。

一九四〇年三月，孫柏蔚按照張默生開列的地址前往匯柴口會見李宗吾，但是問遍匯柴口的居民，無人知曉小竹灣在哪裡，只好惆悵而返。後來又經張默生致函李宗吾後，李宗吾前往拜訪了孫柏蔚，兩個人才開始接觸。李宗吾去見孫柏蔚的時候，孫柏蔚當即說出了自己的疑問：「小竹灣何以無人知道呢？」李宗吾說：「這是我為自己住處新起的名字，他人當然不會知道，若問李宗吾嗎，也只有一茶館一油房可以知道我。」孫柏蔚打趣地說：「這不像拿撒勒人不知道耶穌嗎？」兩人對視大笑。

幾天後，孫柏蔚來到李宗吾居住的小竹灣。這位厚黑教主的宅院，面出臨溪，頗為幽雅，絲毫沒有市井之氣。家中藏書三大櫥，據李宗吾說，這些還不及他在成都寓所的三分之一。孫柏蔚和李宗吾進行了長談之後，把詳談的內容寫信告知張默生，後來成了張默生撰寫《厚黑教主李宗吾傳》第一手材料。

另外一個當時跟李宗吾有過接觸的南懷瑾在事後也曾經寫過回憶文章。在南懷瑾的印象中，李宗吾「一點也不厚黑，可以說還很厚道」。[1]南懷瑾認識李宗吾的時候，正是李宗吾的考試制在成都遭到全面肅清、經常一個人如遊魂一般出沒在公園之時，當時南懷瑾正在一心求仙學道，在少成公園碰到李宗吾，經人介紹之後攀談起來。在南懷瑾的回憶裏，也表現了一些這位厚黑教主在這個不熟悉的年輕人面前無意中流露出的佯狂和自卑：

有一次，厚黑教主對我說：我看你這個人有英雄主義，將來是會有所作為的。不過，我想教你一個辦法，就是要罵人，可以更快地當上英雄，我就罵人罵出名的。你不用罵別人，你就罵我，罵我李宗吾混蛋該死，你就會成功。不過，你的額頭上要貼一張大成至聖先師孔子之位的紙條，你的心裏要供奉我厚黑教主李宗吾的牌位。[2]

然而嬉笑過後，李宗吾在另外一次聊天中無意透露了自己自卑的情緒：我的運氣不好，不像蔡元培、梁啟超那樣……

一兩年之後，南懷瑾的一位朋友死在自流井，南懷瑾前去拜祭，到了自流井之後，才發現盤纏快不夠了。南懷瑾想到了這位厚黑教主，就找上門去。這段故事，倒可以看出李宗吾的為人了：

我們在門口一喊他，裏面迎出的正是厚黑教主，他一看到我，很高興，問：你怎麼來了，我說我來看一個死人朋友。他誤解了，以為我在打趣他，說：我還沒有死啊！我趕緊解釋。他看我們那個狼狽相，馬上安排做飯招待我們。現殺的雞、從魚塘撈出來的活魚、現成的蔬菜，吃了一頓正宗的川菜。酒足飯飽之後，我就開口向他借錢，我說：我是無事不登三寶殿，回程都沒有盤纏了，他說：缺多少？我說：十塊錢。他站起來就到屋裏拿出一包現大洋遞給我，我一掂，不止十塊，問他多少，他說二十塊。我說多了，他說拿去吧，我說不知道什麼時候能還，他說先用了再說……[3]

如果李宗吾是個真正的厚黑之徒，絕對不會對只有幾面之交的南懷瑾如此慷慨熱情。不過，這種熱情，倒也從另外一個側面反映了這位厚黑教主隱居小竹灣落寞的心境。

注釋

【1】【2】【3】南懷瑾：《李宗吾與厚黑學》。

第二十四章　佯狂的外表，自卑的內心

筆者在第十七章中曾經說，要理解李宗吾，張默生是一把鑰匙。如果沒有張默生在李宗吾的晚年與他堅持通信往還，我們今天對於這位厚黑教主很可能會一無所知，這個本來就是思想史上的失蹤者就這樣幾乎和歷史擦肩而過。在十八章中筆者曾經引了數封李宗吾的通信，說明李宗吾的佯狂是他的外表，他的內心世界在與張默生往來之前則一直是封閉的。筆者在第一章中曾說李宗吾「骨子深處實實在在有一些自卑的成分存在」，佯狂和自卑，綜合在一起，才是這位厚黑教主的真實面目。而這些，則是通過和張默生的通信中表現出來的。

張默生看了李宗吾的六十壽文徵文啟事之後，幾近絕望，因為他實在不會做八股文章。無奈之下張默生只好轉攻為守、以退為進，這一下，算是把厚黑教主的真實面目揭穿了。我們來看看張默生的這封信是如何寫的：

教主：請你不要皺眉，這封信決不是勸你不講厚黑的，你可放心看下去；不過你也不要以為我開首稱你「教主」，就是來向你投降表稱信徒的。不是，我決不相信你的厚黑學，我要永遠反對下去，只是不再勸你罷了。來示云云，及孫君轉達云云，並大著迂老隨筆云云，全都拜讀了，很痛快，也很不痛快。痛快的是你思想的犀利，文字的矯健；不痛快的是自己忘掉了「道不同不相為謀」的古訓，竟以「不入耳之言」煩瀆教主。自傳當然可以不作，因為我不會做八股，沒有向教主交換的資格。我還不知道教主已有近三十年的天下了，怪不得不肯輕易捨棄你的寶座，而且還壁壘森嚴的戒備起來！這種莊嚴神聖的氣象，也大有教主的作風！不止此也，凡教主都有擔當天下人之罪惡的精神，都有為天下人背十字架的精神，都有「我不入地獄誰入地獄」的精神，這些條件，你全有，我相信。凡教主，必先自身無罪，然後才配為人贖罪，你也是如此，我更相信。當年的耶穌，按聖經上說，是道成肉身，是纖毫罪惡沒有的，所以上帝特差遣他來為世人贖罪，結果竟被他要為他們贖罪的罪人釘了他的十字架。當他在十字架上一息尚存的時候，他還釘他的人，為全世界的人祈禱說：「天父呀！求你饒恕了他們罷！因為他們不明白，讓我自己擔了他們的罪吧！」因著耶穌的最後祈求，得了上帝的允許，所以後來凡信仰耶穌自知懺悔的人，他的罪惡便與耶穌的肉身同死，而生命即與耶穌的靈魂永生。現在，教主你是充滿了羞惡之心，所以不厚，充滿了惻隱之心，所以不黑。必如此不厚不黑，才配講厚黑，才配做厚黑教主，才能為厚黑之徒贖罪。我想你這樣大講厚黑，將來也難免被真正厚黑的人，說你妖言惑眾，臉一橫，心一狠，也把你釘在十字架上。到那時，我相信你也必為釘你的人，為全世界的人祈禱說：「上帝呀！求你饒恕了他們罷！因為他們不明白。讓我自己擔當了他們的罪罷！」因著你的最後祈求，也必獲得上帝的允許，凡以後信仰你的自知懺悔的人，他的厚黑便與你的肉身同死，而羞惡惻隱之心，也必與你的靈魂同存。教主，如果你是這樣，你真偉大！也許我不明白，請你饒恕了我罷！以後再不敢於厚黑二字多言。敬祝教主萬歲！阿門！

李宗吾收到這封信之後，頗被張默生的誠意打動。當即給張默生回信，許張默生為平生第一知己，在信中李宗吾引用鄭板橋的話說：「隔靴搔癢，讚亦可厭；入木三分，罵亦可感。」李宗吾在信中接著說：「川省之內，讚歎弟之厚黑學者多矣，此可厭也；足下屢戒我，不必講厚黑，此可感也。茫茫宇宙，如足下者，有幾人哉？是以每當無聊時，輒濁酒一壺展讀惠寄各信，等於漢書下酒，每讀一過，輒歎息一番，足下誠弟平生第一知己也！」此後和張默生的交往，也可以看出這位厚黑教主的性情之處：得知張默生有喪子之痛，就寫信勸慰，得知張默生的妻子懷有身孕，李宗吾則寫信大講胎教；得知張默生患嗓子病，就專程寄出白喉藥方……

李宗吾的作品，於厚黑較少涉及的，張默生也拿去推薦給上海的雜誌《宇宙風》，現在可以查到的，有《心理和力學》以及其他一些作品。據後來雜誌的編輯告訴張默生，李宗吾的那些作品登出之後，一時轟動上海並且波及沿海各省，從此之後，這位四川的厚黑教主的影響開始走出四川，波及全國。

李宗吾得此知己，便和張默生約定，他所有近作發表出來，讀者來信都一律由張默生轉收，張默生可以先行拆看，這一點也顯示了李宗吾的磊落之處。但是張默生接了這個差事，也便看到了諸種人的嘴臉：比如有對李宗吾破口大罵的，有對李宗吾五體投地的欽佩的，既有學術上的反對，也有半信半疑之辭的。只要是態度端正的，無論贊成反對，張默生一律轉交了李宗吾，但是也有一些信中寫有不堪之辭的被張默生截留下來的。比如說有些信中開首便說「吾兒見字」、罵李宗吾「混蛋」、「王八蛋」，又如說他「應槍斃」、「該活埋」之類的。

張默生因為看了很多類似的信，心中埋怨此時已成莫逆之交的李宗吾不該自取其辱。於是又寫信給李宗吾寫了一封信，勸他不講厚黑，這一次，李宗吾在回信中透露了自己內心的自卑和矛盾：

> 弟行年六十二矣，自恨生無益於時，死無聞於後！所著各書，最致力者，惟心理與力學；而一般人所贊者，乃在厚黑學。此誠如白居易致元稹書所云：「僕得意者，秦中吟及諸閒適之作，而世人乃長恨歌等詩，世之所重，僕之所輕」（原文忘記，大意如此。）足下屢勸我不必講厚黑學，弟何嘗不知？此等打穿後壁之話，不可形諸筆墨；而弟願常常言之者，亦自有故。學術界與政治界無異，政治界中先踞有地盤者，後來之人雖學識才能超出其上，亦無從取而代之。學術界中古之孔孟程朱諸人無論矣，今之梁啟超章太炎等輩，亦取有相當地位；我輩無名小卒，敢與抗衡哉？雖有發明，誰能注意？民國元年，弟發明厚黑學，頗為人所稱說，故常常講之，欲引起讀者注意，因而讀我心理與力學之書耳。蓋厚黑學者，固弟已踞地盤也。由嬉笑怒罵之文章，進而討論性惡性善之大問題，亦猶劉備據蜀漢之地，而進窺中原也。我

國言性者共五家：（一）性善說，（二）性惡說，（三）性無善無不善說，（四）性善惡混說，（五）性有三品說。使弟之說法果有研究之價值，則言性者於五家之外，尚有一說，成為六家，則弟之生不虛矣。區區之願，實在於此。足下為我知己，故敢剖臆言之。唐時韓昌黎文起八代之衰，而蜀人陳子昂則詩起八代之衰。子昂久居長安，碌碌無所知名，有胡賈者賣琴於市，索價萬緡，市人相顧不敢議價，子昂見之，立呼家人如價畀之。觀者驚問之，子昂曰：「明日來某處，當為諸君一奏之。」明日眾人齊集，子昂攜琴出曰：「蜀人陳子昂有詩百軸，琴小技耳，曷足為重！」舉琴碎之，以詩卷遍贈來者，子昂之名，即日滿都下。弟之長談厚黑學，亦猶子昂之碎琴耳。左思作三都賦，必求皇甫謐作序而名乃彰；厚黑學既為時人所稱道，弟時時講之，等於為心理與力學作序耳。弟既不願請求名人，替我揄揚，無寧大講厚黑，於千萬人笑我罵我之中，得一真知己。足下之般般然交於弟者，亦由讀我之厚黑學，因而遍讀我之著作也。足下勸我不講厚黑而卒不奉教者，蓋私衷貪得無饜，欲於張默生之外，再得一張默生耳。足下思之，然乎否乎？甚望足下將心理與力學切實批評，將來再版時，當將贊成者反對者附刊於後，借供討論。蓋學術者，天下之公器也，當和全世界之人而鑽研之，非一人之力所能勝也。愈鑽研真理愈出，所言當耶，不足為榮；所言非耶，不足為辱。弟於心理學中另創一說，等於荒山中另闢一路。倘此路可通，則開路者誠有功；使其不可通，即於此立一碑示：此路不通，俾後來者不誤入斯徑，則亦未嘗無功。弟般般然欲與當世學者討論者，意蓋在此。足下愛我實深，出居無事，聊復握管伸紙，補述前次諸函未盡之意，俾知勸我講厚黑者，與夫戒我講厚黑者，俱未悉弟之隱衷耳。

在這封透露著內心心境的信中，李宗吾一改嬉笑怒罵的風格，把自己落落寡合的心境向好友娓娓道來，也讓張默生進一步理解了這位被眾多世人誤解的厚黑教主。

第二十五章　知己相逢，和而不同

一九四一年十月中旬，張默生收到李宗吾的來信，說明年春要到青木關拜訪張默生，需要暢談若干日，和張默生商量他的一切著作，以便大加修改。這兩位素未謀面的知己，終於要相逢了。

李宗吾寫給張默生的那封信，跟以前相比起來看也饒有趣味：

弟鬱居無聊，甚欲出遊，而棘天荊地，真有蹙蹙靡騁之感！明春，無論如何，決當出遊。居時，當到青木關一訪，將拙作揖一就正，俾便大加修改，請足下便中代我覓一下榻之地。其地，第一以民房為最佳（只一斗室、能容一床一桌即足），即草房亦可，半間屋亦可，弟固農家子，能過簡單生活者。其次則可商店（僅容一榻已足）；再不然，即住旅館，如無旅館，即茅草店亦可。其要件有二：（一）就近有防空洞，（二）就近有飯館。還有三事：第一，不住友人家；第二，不住機關；第三，不受友人招待，如有掃榻相迎者，弟將仿孔老先生辦法，不脫冕而行矣。

從這封信中可以看出當時的李宗吾，生活上頗為簡樸，經濟條件並不是特別好，於清貧之中，不忘保持自己狷介的操守。

李宗吾的出行比計畫提前了好幾個月，收到張默生的回覆之後，一九四一年的十二月份，李宗吾來到了青木關。在張默生的《厚黑教主別傳——我與教主的一段因緣》中，對於那次會面有詳細的敘述：

天還落著濛濛的細雨，我正在吃午飯的時候，忽然聽見門外有人操著蒼老的四川土音說：「厚黑教主來看張默生！」接著即叩起門來。我心一動，就低聲對余妻說：「莫非真是厚黑教主來了嗎？」急忙把口中的飯吐出來，前去為他開門，一眼望見一位身材高大的老翁，身邊還有一位二十左右面現清癯的青年，問詢之下，果然是「厚黑教主」，那位青年是他的長孫長翊君。我在狂喜之際，巴不得把他抱起來。[1]

落座不久，兩個相見恨晚的知己便交談起來，話題慢慢的轉到了厚黑學上，張默生舊話重提：「可是先生的厚黑學，我還是依然反對呀！」對於此，李宗吾並不以為忤，反倒掀鬚微笑：「我講我的，你反對你的，昔日莊周和惠施，不是見面就『抬竿子』嗎？但是又何礙於他們的知己之感呢？我與足下，正是如此。」經過了這一番交鋒，張默生指著還擺在桌子上的飯菜，風趣地說：「這可不是特為先生準備的吧，你可不要不脫冕而行。一連幾天落雨，也用不著為你洗塵，不過家中正有一點薄酒，天氣又如此寒冷，算是為你壓壓風罷。孫君來函，說你每飯必酒，是嗎？」李宗吾哈哈大笑：「就是要得的，飯卻不須吃，你們吃飯，我吃酒好了。」於是也不客氣，自管一杯一杯地喝起來。

李宗吾祖孫二人在青木關的旅館中住了幾天，張默生天天去和李宗吾攀談，從身世進而談到一切問題，並且商談李宗吾的新舊著作，何者宜再版，何者可緩印，張默生再次勸李宗吾不講厚黑，李宗吾依然是戀戀不捨。至此之間，兩位知己之間的第二次交鋒又開始了：李宗吾白天和張默生聊天，夜間則開始寫插隨漫話，準備在重慶報上發表，「插隨」二字，典出劉伶，取劉伶以插自隨、何處醉死何處埋的典故。李宗吾寫成之後拿給張默生看，內容仍然是厚黑叢話之類，還是「厚黑」連篇。尤其是第一段，說到青木關之遊，是專程拜訪張默生的。張默生隨即抗議道：「你這篇東西，還是談厚黑，既是談厚黑，就不要把我的姓名寫入，想把我的名字寫入，就不要談厚黑，究竟何去何從？」李宗吾略加思索：「那我就犧牲足下的姓名，保留我的厚黑吧。」一面說，一面把張默生的名字勾去了。當時李宗吾決定到重慶之後重印他的幾本著作，想請張默生為之作序，張默生再次重提舊話：「你的著作中，只要沒有厚黑二字連用，是你那般解釋的，我就為你各寫一篇序文，否則我是恕不奉命的。」檢查的結果，李宗吾自然難過「厚黑」關，張默生的序言自然流產，人世間少了幾篇文章，多了一段佳話。

其時，張默生在復旦大學兼課，每星期要到北碚授課三天。因為知己到來，張默生打算寫信到學校請假，李宗吾打消了好友的這種想法，他表示可以陪張默生到北碚去，張默生上課時，他在可以在賓館等候，張默生講完課，兩個人可以在賓館聊天，三天之後，兩個人可以同時返回青木關。張默生借此機會，也為李宗吾介紹了北碚的諸多文化界人，並且帶領李宗吾到北碚的溫泉公園去觀賞景色，去之前，張默生說：「北溫泉乳花洞門前，有一棵黃桷樹根，虬結盤屈，蜿蜒如龍，很像你思想的恢詭譎怪，你可前去觀賞一下，與它訂交吧。」李宗吾果然乘興而去，到了溫泉公園，於別的景色走馬觀花，唯獨到了乳花洞前，和那黃桷樹根相對足足兩個小時，不禁唏噓詠歎。

張李兩人往返於青、碚之間，盡情暢談。據張默生回憶，他平生有三次快談：

一次是我亡命朝鮮，化名「趙虛若」，因慕音韻大家魏建功之名，冒冒然以同國籍的資格，去拜訪他，自某晚八時直談到次晨八點，整整十二個小時，是一快談；……再一次，就是我與厚黑教主的快談，斷斷續續，接接連連，在七八日之中，幾乎一生想說的話，彼此都傾囊而出了，是為快談中之尤快者。[2]

李宗吾和張默生在青木關分手之後，祖孫二人到了重慶，在重慶，李宗吾和「大觀園裏的劉姥姥」吳稚暉見面了。見面的情況現在沒有相關的記載，不過李宗吾在重慶出版的三本著作《厚黑學》、《中國學術之趨勢》、《心理與力學》，都是吳稚暉題寫的書名，可以推想那次的相見，「劉姥姥」和「石獅子」還是互為欣賞的。

一九四三年，李宗吾應北碚管理局局長盧子英的邀請，再次來到北碚，張默生和李宗吾再次相逢，見到李宗吾神情衰老許多。在這兩位知己最後相逢的分別之際，張默生說：「我將來站在志不同道不合的立場上，為你這位不厚不黑的厚黑教主作一部十餘萬言的大傳，來報答教主不遠千里而來的枉顧！」李宗吾很感動的說：「這樣，我可以死矣。」

我們今天瞭解的李宗吾，很大程度上都得益於張默生早期在材料上的收集和整理，談論李宗吾，張默生是個無法繞過的人物，他們表面上志不同道不合，但是在實質上來說，都是深受儒家文化浸染的最後一代士大夫。

注釋

【1】【2】張默生：《厚黑教主別傳——我與教主的一段因緣》。

第二十六章　教主歸冥府

一語成讖，李宗吾和張默生最後會面之後沒有多久，這位厚黑教主走完了他人生中的第六十四個春秋，據李宗吾的孫女李若英回憶：

一九四三年夏日的一天，李若英和祖母都在家裏。她們親眼看到李宗吾從書桌前站起來，拿著茶杯到一個櫃子前準備倒茶水喝。當時家裏所用的一種日常泡老蔭茶的粗瓷茶壺，大約有家裏蒸飯的甑子那麼大，十分厚重，外面裹著一層厚厚的棕套。因為茶壺太重，櫃子較高，李宗吾倒茶時並沒有把茶壺提起來，而是左手端著杯子，右手抓住茶壺提手，把茶壺嘴往杯子方向傾斜。不料，李若英眼睜睜看著祖父的身子也在往拿杯子的左手方向慢慢傾斜，竟至一跤跌到在地。李若英和祖母急忙上前攙扶，卻見李宗吾的意識已經有點模糊。祖母當即向尚未完全失去知覺的李宗吾抱怨了一句：「你就是喝酒太多了！」李宗吾竟拼其餘力回答道：「我就是酒喝少了！」[1]

李宗吾死後的次日，成都各報都用「厚黑教主」的稱謂刊發了他逝世的消息。在當時自流井各界人士為李宗吾召開的追悼會上，有幾副對聯特別引人注目，分別是：

教主歸冥府，繼續闡揚厚黑，使一般孤魂野鬼，早得升官發財門徑；
先生辭凡塵，不再諷刺社會，讓那些污吏劣紳，做出狼心狗肺事情！
——汪瑞如

寓諷刺於厚黑，仙佛心腸，與五千言後先輝映；
致精力乎著述，賢哲品學，擬念四史今古齊名。
——李堅白

品賢豪常作翻案，抒思想好作奇談，孤憤蘊胸中，縱有雌黃原戲謔；
算年齡遜我二籌，論學文加我一等，修文歸地下，莫將厚黑舞幽冥。
——楊仔雲

定具一片鐵石心，問君獨尊何存？試看他黑氣彌天，至死應遺蜀猷憾；
縱有千層樺皮臉，見我無常倏到，也只得厚顏入地，招魂為讀怕婆經。
——李筱亭

公著述等身，憤薄俗少完人，厚黑一篇，摘伏發奸揮鐵筆；
我慘為半子，念賢郎皆早逝，甇孤滿目，臨喪迸淚灑金風。

——楊履冰

看來，能夠理解李宗吾為人的，還是那些生活在他身邊的人們。

在李宗吾和張默生最後的聚會中，張默生曾經問李宗吾：「你對於政治、文化、學術，有什麼究極的看法嗎？」李宗吾回答說：「我在《社會問題之商榷》一書中，最末的一章，差不多可以答覆這個問題，雖然是十年前的一種見解，但是直到如今，我的看法依然如故。」

李宗吾在《社會問題之商榷》中的那番話，至今讀來，仍然不覺得過時，摘引如下：

現在世界上紛紛擾擾，衝突不已，我窮源竟委的考察，實在由於相互反對的學說生出來的。孟子之性善說，荀子之性惡說，是互相反對的；宗教家之利人主義，進化論之利己主義，是互相反對的；個人主義之經濟學，社會主義之經濟學，是互相反對的。凡此種種互相反對之學說，均流行於同一社會之中，從未折衷一是，思想上既不一致，行為上當然不能一致，衝突之事，就在所不免了。真理只有一個，猶如大山一般，東西南北看去，形狀不同，遊山者各見山之一部分，所說山之形狀，就各不相同了。我們研究事理，如果尋出了本質，任是互相反對之說，都可以調和為一。

……

著者把性善性惡，利人利己，個人主義，社會主義，唯心唯物，知難行易，知易行難，種種互相反對之學說，加以研究之後，乃下一結論：「無論古今中外，凡有互相反對之二說，雙方俱持之有故，言之成理，經過長時間的爭辯，仍對峙不下者，此二說一定可以並存，一定是各得真理之一半。我們把兩說合而為一，理論就圓滿了」

……

現在各黨各派，紛爭不已，除挾有成見，意氣用事者外，其他一切紛爭，實由學說衝突醞釀出來的。要調和這種紛爭，依我想，最好是各人把各人崇拜的學說，徹底研究。又把自己所反對的學說，平心觀察。尋覓二者異同之點，果然反覆推敲，一定能把真正的道理搜尋出來，彼此之紛爭，立歸消滅。因為世間的真理，只有一個，只要研究得徹底，所得的結果，必定相同。假使有兩個人所得的結果不同，其中必有一人研究不徹底，或是兩人俱不徹底。如果徹底了，斷無結果不同之理。大家的思想，既趨於一致，自然就沒有紛爭了。

在我個人的主張，可把各種主義，公開研究，聽人儘量的懷疑和批評，然後才能把真理研究得出來，全國過思想才能統一。……現在全國隸屬於三民主義之下，政治上的一切設施，當然照著孫中山的辦法做去，不能任意變更。至於學理上之討論，盡可聽人自由。到了談論終結，全國人民都認為孫中山主義不適宜，一致要求變更，我們又和不可變更之有？未達到全國人請求變更的時候，當然遵循孫中山主義進行，如有違反三民主義，做政治上之行動者，當然嚴予制裁。據我的觀察，現在各種主義，如不由於公開研究之一途，思想之紛亂，是無有窮期的，而國內之爭端，和人民所受之痛苦，也就無有底止了。……我們對於共產主義的學理，也不客氣地嚴加批評。理無兩是，討論終結，如果孫中山的學說是虛偽的，我們又何必死守著這種虛偽的學理，就改從馬克思主義，有何不可？如果討論終結，馬克思主義是不合理的，我想共產黨人，皆是高明之士，也不至堅守不合理的學說，自誤誤人。

……

至於學術思想，我是絕對主張獨立自由的，這已可從我上面的話看出來。……君主之命該革，聖人之命尤該革；民族該獨立，思想該更獨立。[2]

孫柏蔚在《記李宗吾》中談到蔣介石禁掉李宗吾的厚黑學並且對他進行通緝的原因是「敗壞人心」，其實真正的原因應該在於李宗吾在這篇文章中表現出來的思想。張默生在《厚黑教主李宗吾傳》中說：「這一篇大議論，便是一顆思想界的彗星所放射的光芒。可惜這光芒，慢慢的暗淡了，慢慢的消滅了！」這，彷彿也是李宗吾身後的命運。

注釋

【1】鄧遂夫：〈我是李宗吾孫女的鄰居〉，原載《自貢廣播電視報》，轉引自《李宗吾研究》創刊號。

【2】李宗吾《社會問題之商榷》。

跋

終於寫完了，但是卻沒有鬆一口氣。因為這也許僅僅是一個開始。這本十萬餘字的小書，在我自己看來，無疑是粗糙的。現在，我雖然不敢像我一開始寫作這本書時那樣躊躇滿志地說：「這是一次嘗試，我希望是成功的。」但是至少，我算是邁出了一步，而且敢保證，以這種視角來研究李宗吾這個人，這本小書是第一次。

李宗吾在思想史上是個一直被忽略的人物，被忽略的原因，很複雜，但是有一點，那就是因為在過去一黨專制的時代裏，牽制思想，控制言論，李宗吾的言說，不為當局所容，以致遭封殺、遭通緝。很多歷史，就這樣慢慢被封存起來，等待後人發現。從我對李宗吾感興趣一直到寫成這本書，中間經歷了四五年的時間，其間一點點的搜集資料，一點點把李宗吾這個人物拼湊起來。終於，我想把這個人物畫出來了。就像胡適說過的一樣「我的相很難畫」。寫這本書，也是在給李宗吾畫像，同樣很難，胡適的相難畫，難在資料太多，不好取捨；李宗吾的相難畫，難在資料太少，如羚羊掛角，無跡可尋。最後我決定冒這個險。

按照我最初的想法，這是個龐大的工程，由李宗吾這個人，帶出一個時代。不僅畫出李宗吾的喜和悲，還要畫出一個時代的悲劇和喜劇。但是不久我發現這個工作不是我在一兩年中完成的，及時調整，但是思路不變。我把我能夠做到的，能夠想到的，先在這個小書裏表現出來。等將來有時間，我在慢慢的往裏面填充。

目標縮小之後，寫作一下子順利起來。英國政治家克倫威爾說過一句話：「畫我須是我」，熱心於傳記文學的胡適也說過：「傳記得最重要條件是紀實傳真……」這兩句話都是我所欣賞的。怎麼做到？我給自己定了一點：在這本書裏，我儘量少說話，要讓李宗吾自己儘量多說話。我所要做的，只是給李宗吾搭起一個舞臺，這個舞臺上的唱念做打的功夫，全要靠李宗吾自己來修煉。

不過現在，我可以談談我對於李宗吾——這本書的主人公——的認識。在上個世紀的思想史中，李宗吾是具有典型性和代表性的一個人物，但卻並非是獨特的一個，他的人生，看起來遠遠沒有他的思想那麼精彩。但是在上個世紀知識界眾多迷茫的學者和思想家中，李宗吾是最為清醒的人之一。之所以能夠如此清醒，是因為他沒有和當時的時代合拍過，隔著距離看風景，自然要比風景中的人看的真切，不見得，李宗吾比別人多麼高明。自辛亥以還，李宗吾的心就停留在了那個時代，從此之後的一切思考，都是以那個時代為背景的。他發明的厚黑學，與其說是針砭時弊的孤憤之作，不如說想為在政治上開了新紀元的中國建立一個轉換的「範式」。當然，不排除有前者的因素。這個「範式」對於中國兩千年來的文化傳統逐漸給與了巨大的衝擊，在作為舊時代的送葬人和新時代的先知這個層次上，李宗吾註定要讓新舊兩個時代的人對他產生誤解，這是李宗吾註定要背上的沉重包袱。我曾經在很多的場合，把李宗吾和胡適比較，感覺兩個人一生中有頗多類似，但是在這本書中沒有展開，如果有機會，我也希望做這樣的一個嘗試。

書寫完了，要感謝的人太多，感謝我所供職的報社的領導和同事們，他們的寬容和信任，讓我在工作之餘抽出一些時間來完成這本書，我要特別王小山先生，他是我過去工作上的領導，生活中的大哥，由於他的錯愛，讓這本小書得以在面世之前就和讀者們見面，並讓我感受到了讀者的鼓勵。當然，還有給了我鼓勵和幫助的李澤厚先生、笑蜀先生。我要感謝的，還有一位叫鍾永新的朋友，他在看到我寫的一篇寫李宗吾的文章之後，把他所搜集到的關於李宗吾的資料全部無償的轉給了我，當時我還沒有開始這本書的寫作。我願意把眾多師友對我的鼓勵，作為下一個題目的動力。

二〇〇六年一月二十四日凌晨一點

附錄一

李宗吾遺作四篇

廖緒初傳

（前闕）已亥至壬寅，世楷從學於自井炳文書院，盧翊庭先生之門。同學者有雷鐵厓、雷民心昆季，張荔丹、李小亭、王檢恒、謝偉俯、曾聖瞻等。君亦來學。君係庚子年到炳文書院，恂恂然曾不異於眾，惟見其謹學而已。

癸卯冬，世楷肄業四川高等學堂。時方廢書院，設學堂。次年，學子紛紛負笈來省，苦無學堂可入，敘屬高等同學宜賓鍾習之、陳奎五、濮子謙、趙庶賓，南溪胡八俊，隆昌陳本初、張列五、蔡雅南，興文謝蘅溪，富順王檢恒、楊澤溥、雷民心、何子端及世楷等十餘人，倡設旅省敘屬中學。乃就陝西街節孝祠，召集二三十人授課，教員由眾人輪流擔任，即以高等學堂所授之課轉授之；經費毫無，所用白墨亦由各人攜以往；飯食亦無。適緒初來省考察學務，住高等學堂。眾人以敘校之散漫無主也，乃聘為學監，不惟無薪，伙食且自備。

是年暑假，陳、張、蔡回隆昌，籌得堂款三百兩；年假時，富順諸同學，亦回縣籌得堂款三百兩。乃移校至大有巷。君仍為學監，此時則有伙食而仍無薪水。

翌年，君同列五到敘屬各縣籌款。其時風氣未開，擊毀百端，二人舌敝唇焦，卒籌得經常費一千數百兩。眾人乃公議緒初年支輿費銀一百兩。敘校之成，二人之力量最多。每星期，高等學堂諸人在校開會一次，議決事項，由緒初執行之。名為學監，實則（原誤行）校長、教務、文牘、書記、會計、庶務皆一身兼之。校中無米為炊，則以大衣帽質諸典肆，有錢即取出，如是者累矣。君殫精竭力，此校卒賴以成。

其時來學者，人才極盛，如呂漢群、王維綱、唐倜風、顏繼魯、陳永怡、向康衢、賴建侯、黃漢溪、熊慕顏等，皆受君之陶鑄而成。諸人至今談及君，皆感佩不置。

君管理最嚴，犯規者無絲毫假借。君同學戴某及業師王某來肄業，執弟子禮，犯規，君皆懸牌斥退。

光緒三十四年下期及宣統元年之交，（君）任富順縣視學。極力整頓，尤重核減開支。學務糾葛，有關款項者，即命將歷年簿據，攜至勸學所，親自核算。其在勸學者，亦仿學堂辦法，開飯有定時，過時不開，眾苦之（原誤了），君不顧。

光緒三十四年，王君檢恒任中學堂監督。其時姜君選臣任高小校長，因事辭職，縣令王某備文請檢恒兼任。其時世楷為中學教員，檢恒一日笑謂曰：「我近日窘甚，行將典當衣物，高小校長薪，本可支用，任縣人如何攻擊，我亦不畏；最可怕者，萬一廖聖人吶吶然言曰：『此款仍以不支為宜。』我何面目見之？」此雖偶爾笑談，而君之至誠感人，與檢恒之勇於克己，已見一斑（原誤般），而足為吾人行效者也。

宣統元年下期，君奉命任敘州府中學堂監督。敘府中學原系府書院所改。後敘人（原誤中）複於城中崇報寺設一中學，名曰第二中學，以原有者為第一中學。程芝軒為省視學，以兩校同設一城，主張合併，以君辦旅省敘屬中卓著成績，薦之提學，委為兩中學監督，俾便合併。敘人聞之，大反對，阻撓百端，發傳單詆毀備至。君不為動，持以毅力，卒將兩校合為一。所聘教職員，有楊澤溥、謝綬青、張列五、張夷白、盧錫卿、劉長述、楊西園、胡八俊諸人。其時之學生，有劉明藻、閔次元、嚴鼎成、劉質文諸人。

最奇者，君素不打牌，曾經兩次被人誣以打牌。其冤卒未申雪，且因以去職，誠異聞也：

（一）君辦敘校時，有某生因犯規被君斥退，該生旋入通省師範。其時，徐文休先生辦通省師範，以君辦旅省敘校有名，特聘為監學（宣統元年上期事）。君在校管理甚嚴，遇試驗時，見有夾帶者，即照章處罰。該生即從中鼓動，眾學生苦君嚴，久思借事去君。一日，君在青石橋公益書社（隆昌舉人郭書池等所做，郭在敘校曾捐款，眾人遂推之為監督，蓋名譽職也，今之敘校地址即郭所購捐）。有人打牌，君從旁觀之，為某生所見，回校言之，眾遂誣以打牌。徐先生不為之申理。君於暑假後即辭職，徐聽其辭。程芝軒因薦君任敘府中學堂監督。

（二）君宣統二年在敘州府學堂，查獲學生犯賭，在講堂上宣佈斥退，忽有一生起曰：「學生犯賭，固該斥退，請問監督犯賭如何辦？」列五問曰：「監督何處賭？」答曰：「在同慶店。」問：「何人看見？」答曰：「我親見。」問：「同賭何人？」曰：「有教員胡八俊及某某等。」實則君在同慶店下圍棋而非打牌也。學生於是停課罷學。校外人終含並學堂之怨，乃從而鼓動之。府官李某受敘人先入之言，亦謂君打牌。君於是藉故上省，校務托列五代理。次年，列五任重慶中學學監，監督楊滄白曾來聘君，君允往，而四川即反正。

民元，烈五為副都督，君為審計院（次）長。尹昌衡西征，在至公堂演說，尹、張言畢，相繼發言者甚多。君發言，主張裁減冗費、冗員；鑑舉當裁者，亦言各機關之次長亦當裁。言未畢，列五截言曰：「廖君之言甚善，改日當下細研究。今當西征，我輩應討論者……」列五後謂世楷曰：「緒初真迂哉！所言者皆關軍界，何能實行？如聽其說下去，立會激動反響。」君既發言主張裁次長，即包括「請自我始」之意，欲辭次長職。商之列五，不許；即徑上辭呈，不到院。時尹仲錫為院長，見君突然辭職，事前並未與之商，因亦辭職。宣言緒初不復職，彼亦不復職。於是尹亦不到院。君之態度又甚堅決，無複職之可能，經列五調停，適院中第一科科長楊某辭職，君乃降任第一科科長，辦理次長事，支科長薪。君凡事必貫徹主張，此其一端也。

其時，世楷為審計院第三科科長，一日午後，聞君室內捶桌呵斥，聲震屋瓦。出視之，則見相識（原誤視）某君倉皇奔出，緒初自後追罵之，至大門外始止。詢之，始知其請君言於列五，委之為知事，而許謝四百金也。世楷謂其未免過（原誤已）甚。君曰：「此等人不痛罵之，將來不知害若干人！當言諸列五，以免誤用。」於此足見君之剛正。自後與君相處十年，曾未聞其提及此事——除世楷外，迄今無一人知此事者。又見君盛德，不言人之隱惡。

此時軍用票有一元、五元兩種。某次院中領款，財廳誤以五元者作一元發之，計多領數千元。君命人詢諸財廳，複言不誤，乃命庶務員賀體仁親往說明，以多領者還之。

民元，審計院成立，器具悉領諸都督府。是年下期裁撤時，悉還都督府。新置者，君命其職員照原價分買，以價款還公家。笨重不適用之物，無人買，君自行買之，而以船運歸自井家中。

君任教育科科長，省長楊滄白深倚重之。君所推之校長、視學，無不照委。楊下條所委，君認為不稱職者，則持其條還之，楊不以為忤，而益重君。蓋能鑒君之赤誠也。

某君者，君稔知其辦學無成績。數數為人推薦，楊省長亦屢為之言。世楷時為教育科副科長，君囑世楷轉□（告）之曰：「今姑委某職；倘任不稱職，決撤究不貸。」某君悚然，到職甚著成績，君頗嘉許之，改委某職，終君任，以幹練稱。此足見君之善於禦人也。

君關於權位之事，力主退讓。民元，列五欲以君嫻於簿計學（委）以審計院長。（君乃）力推尹仲錫，而以（已）為之次。世楷聞閔君次元言，呂漢群入成都時，欲委君任造幣廠長。君曰：「此刮藪也。」辭不就。或曰：「入廠而剔其弊，何損清名？」君曰：「雖如是，人終不裁量也。」卒不就。

而君與人共事，往往獨任其難，縱獨蒙損，終不出一怨言。故人恒樂與共事。

極相熟之友，不敢幹君以私；君亦從不以私幹人。

君至誠待人，無絲毫偽飾。辦事久，不無怨之者，亦只能謂其見解之偏，並無有言其私德及銀錢不清白者。

君之人格，往往從反對者口中窺見之。君同世楷等，曾在成都辦一浚源制革場。場中職員，有周來賓者，南溪人，最敬佩君。自言前充敘府中學堂文牘員，緒初來長府中學堂，眾人反對之，已亦反對者之一。後見其待人之誠懇，持身之廉潔，辦事之艱苦卓絕，不知不覺，變反對而為崇拜。又民二，國民、共和兩黨爭議長，相持不下。有楊君芷沅者，名湘，富順人，共和黨健將，君托世楷往疏通。芷沅態度堅決，言時忿然跌足曰：「只要國民黨人人如緒初，我無話說。」以異黨人忿時言論如此，佩服之情，自然流露，緒初人格可想矣。

君無兄弟，有妹三：一適趙君符湘，工業專門畢業，現任成都省立名中校教員；一適王；一適肖。君妻雷氏，雷鐵厓胞妹。君以民國十一年夏，病卒於自井三多寨。病時，世楷往省之，其父言：「緒初之病：，系為呂漢群失敗而起。病中見報紙，輒憤恨，病益劇。已囑家人，勿以報進。」餘詢君病況，君自言：「病根伏於選舉時勞碌，猶其小焉者耳。後選舉失敗，精神上大受痛苦，今日之病，實由於此。」君自知不起，謂世楷曰：「今尚有一事未完。」詢以何事。行於床頭取一表以授，曰：「此富順范秋蘭之表也。秋蘭以革命見殺於西藏，表落於某手，經隆昌黃容九等輾轉索回，託我親交范子，以作紀念。數年未見范子，甚以為歉，務乞代交。」再三叮囑而別。世楷歸家，急託人交范子龍光。閱十餘日，即聞君卒。君生平絲毫不苟，臨死猶如此。

君卒時，雙親在堂，一妻三子一女，無不動產，所居屋，亦佃諸人者。家資僅一千數百元，出貸於人。黨中同人，湊集一千數百元，交其家貸借生息。民元廿年，次子維祜，留學省垣，同人復湊集數百元生息，津貼學費；長子維禮，考上清華學校，因祖母鍾愛之，來往肄業；君卒未久，維禮亦病卒。今則君之雙親已卒。

君言訥樸，而心極明敏，生平未從人學數學。庚子年，君在炳文書院時，方倡議廢八股，君欲習算學，苦無教者，購《數學啟蒙》一部以自修，進而習幾何、代數。其辦敘校時，每〔夜〕九鐘學生寢後，即閉門演習數學。世楷但知其「陳文小代數」全部習畢，以後不知進至何種程度。珠算，尤特長，生於自井，熟悉商場簿計，任教育科科長時，預決算，均親自鉤稽。

世楷少與君同書院，其辦旅省敘中，任審計院院長，教育科科長，均與之同事。以上所書，乃隨憶隨寫，皆系目睹者。其生平重大之事，為省議會及黨務方面，世楷則不甚了悉。將來再訪諸友人，匯集之，乞名人作傳，用傳不朽。

廿一年十月十一日李世楷記

王儉恆事略

王儉恆，名敬宣，富順毛頭鋪人。年十八，應童於試，秉筆至學使前，請試《公羊》。學使訝之，特命題面試，大稱賞之，拔入邑庠。清末張之洞著《勸學篇》，以「教忠明綱」為訓，士林傳誦。君謂其有奴性，勸人讀黃梨洲《明夷待訪錄》「原君」、「原臣」、「原法」諸篇。其時官府文告中，每有「食毛」、「踐土」之語，君憤其以滿人入主中國也，嘗謂人曰：「誰食誰之毛？誰踐誰之土？」聞者駭怪，惟同邑雷君鐵厓深韙之。

光緒卅三年，君長富順中學。曹君叔實，峨眉羅君杏書為監學。黨人謀在省起事，叔實等得謝君慧生函，謀以富順回應，念非君無可與計事。君適回家，叔實奔告之。君喜其與素志合，立入城與杏書等共籌畫。會成都事敗，慧生出亡，謀遂輟。自是盡力革命工作。

反正後，同學張君列五為副都督，委任某縣知事，辭不就，徑回籍；乃就委為自井鹽垣榷稅官。癸丑討袁之役，與縣人郭集成、廖秋華、刁廣孚等諸人，以富順獨立。眾推君長民政。事敗，秋華死之；郭、刁被捕，破家乃免；君被通緝，藏親友家，幸得脫。但（原誤顧）以深夜奔竄風雨中，獲疾，纏綿久之，竟卒。

君多謀善斷，沉深諳練而有毅力，朋輩咸服其才。留學成都高等學堂時，任同鄉會會長，籌辦敘屬中學。事有當為者，獨斷專行，人或訾之，不屑辯。長縣中一年，自知為人嫉視，舉澤溥楊君自代，辭職家居。生平目空一切，獨敬佩廖君緒初。其長中學時，姜君選臣任高等小學校長，因事辭職，縣令王某備文請君任。世楷時為中學教員，君一日笑渭曰：「近日窘甚，行將典當衣物。小學校長薪本可支用，任縣人如何攻擊，我亦不畏；最可怕者，萬一廖聖人吶吶然言曰：『此款似以不支為宜。』我何面目見之？只好不支，仍當衣物而已。」此雖偶爾笑談，而君之勇於克已，與緒初之至誠感人，已見一斑，而足為吾人則效者也。

卒時，年卅八，未竟其用，惜哉！子二，長，用夏，字百宗；次，用夷，字百臻。女一，適雷元博，即鐵厓孫。鐵厓名昭性，字□□（譬皆），皆留學日本，稱革命使者……（闕十二字）其文甚夥。孫公為總統時，任職不久辭去，至西湖白雲巷出家。吟有：「數年革命黨，半月秘書官。西湖風景好，莫讓老僧看」等句。悲憤入狂，後以瘋病死於家。其行事，國人多知也。

民國廿一年富順李世楷撰

謝綬青事略

謝君綬青，名敦印，中江人。父為邑諸生，邃於《易》。君少穎悟，精數學。年十六，入邑庠。清末肄業高等學堂，與張君烈五及世楷同班，交最篤。君年最少，眾以弟呼之。烈五、世楷入同盟會，以君胸懷坦直，秘不使知。戊申，清帝西後相繼死，黨人謀起事，君在富順，曹君叔實告之，大喜加入。叔實任灌縣茶務講習所所長，為所中職員，參與黨中密謀。反正後，任審計院及財政廳科員。癸丑討袁軍敗，抑鬱無聊，日與友人縱酒自遣。某夜，世楷宿少城西勝街第二小學內。二更後，全校寂無人聲，聞君大醉獨歸，蹌踉入鄰室，倒臥床上，大罵當局某捕治黨人，且哭且罵，聲達街衢。世楷恐阻之而愈激其狂也，聽之。至四更，始寂然睡去。翌日，詢之，則茫然。烈五在津寓，(與)世楷書，有曰：「綬青放浪於酒，固謂借澆塊壘，究與祈死何異？況酒後狂罵，甚易招尤，事會之來，豈有終極？此身摧折，悔何可追？還望足下忠告。」世楷持示之，卒不改。性誠篤，待人懇摯，而複冷峭，居恒每誦：「科頭箕踞長松下，冷眼看他世上人」二語。誦時，輒抱膝，閉目遙首，見者笑之，不顧也。烈五為副都督時，君寓《公論日報》社，烈五一日詢曰：「聞綬青來省久，何不見我？」世楷答曰：「彼方有事。」烈五笑曰：「非也。彼固講氣節者，我未先往，無怪其不來。」

我近鮮暇，非敢慢故人，請代致歉。彼此至交，幸勿如此計較。」君聞之，始往見。平生行事，率類此，人每謂其不諳世故，無治事才。而君歷任富順、敘府、中壩、遂寧、成都縣立、聯立、省立各校教員，循循善誘，學子傾心；長潼川學校，甫一年，昭著成績。眾始翕然，稱其能。

民九以還，益悒悒沉酣於酒，或終日不進一膳。越數年，病卒，聞者傷之。弟敦五，世楷長省立第二中學時，來從學，畢業後從戎，戰沒簡州城外，葬叢塚中。君托世楷親往尋其墓不獲。君卒後，家事賴季弟支持。子二讀書，能世其家。嗟呼，世變亟矣！綬青而在，不知又將何痛哭也？！

民國廿一年富順李世楷撰

楊澤溥事略

澤溥楊君，名澍，富順小溪青杠林人。邑諸生。肄業於四川高等學堂。在校與敘屬同學倡設旅省敘屬中學，卒賴以成。畢業後，長縣高小。旋繼王君檢恆長縣中學，聘曹君叔實為監學。未幾辭職，舉世楷自代。君持縣令熊廷權聘書至，世楷始知之。

翌年，廖君緒初長敘府中學，君為監學，與張君列五、盧君錫卿共事。辛亥，勸業道周孝恒委辦成都蠶桑學堂，與劉公潛、方琢章等深相（交）結。君在縣即入同盟會。會中秘劃，君無不與者。

為人忠厚篤實，群以長者目之，義之所在，奮發不顧。緒初辦旅省敘中，忌者布謗書丑詆之，君適任縣教育會長，見書大憤，召全縣學界開會，臚舉證據事實，以公文雪其誣。反正初，自貢地方無主，設議事會暫理民財事務，君為會員。滇軍在井殺周鴻勳後，氣焰甚張，需索無厭。眾苦之，而莫可如何。一日，支隊長黃某來會，有所索。眾避匿。君挺身出，與之抗辯。黃怒，捺地毆之，君乃隻身間道赴訴於省。邏者獲之，搜得所攜呈詞，執詣黃。黃識為君，益怒，將殺之，井人群起營救，得免。而滇軍氣焰，亦為之殺。所保全者，蓋不少。

民元，任雅州榷稅官。西徵兵在城譁變肆掠。城中有哥老會首領某者，君素知之，而未識也。事急，浼人召之至，則高坐門前，亂兵至，輒揮之去。公款得以無損。翌日，君自出資，設盛筵酬之，不肯用公家分文。其時雅關俸微，君家累重，又時時資助故舊。卸任，欠公款數百元，公潛在浚川源銀行代借款付之。僅還百元，即病卒，餘債由公潛償還。

世楷自中壩赴省，聞君大病，即日往省，神智尚清，絮談至更深始別。次晨，即聞君卒。身後肅然，在省友人集金棺殮（原誤斂），資其妻鄧氏，攜三女扶柩歸。某年嫁女無資，琢章聞之，由省匯五十金助之。何君智周與君至交，以子祖義婚君第三女華光，攜往北平，肄業某大學。祖義，清華學生，留美畢業。次女漢光，適王問潮，鄧夫人依以居。長女亞光，適胡順熙，已卒。君初有子，數歲，由雅回省，染疾卒。無嗣，侄與權兼祧。

琢章嘗謂世楷曰：「自清季至今：雅州榷稅，未有如澤溥任內之旺者。」籲！公家之入，誠旺矣；孰（原誤熟）知其交卸負債，死無以殮（原誤斂），女無以嫁，一一累諸友人哉！

民國廿一年富順李世楷撰

附錄二

相關報導二篇

報導之一／《美國僑報》：「李宗吾：被忽略的大師」

《被忽略的大師——李宗吾新傳》一書近日由中國檔案出版社結集出版，該書從思想史的角度研究李宗吾的「厚黑學」，並將李宗吾的一生經歷融入其中。該書作者、青年學者陳遠表示，廣泛流傳的「臉厚心黑」是誤讀，李宗吾《厚黑學》的核心其實是「自由思想，獨立精神」，這是後來的學術界直到現在還時常掛在嘴邊的八個字。

被遺忘的厚黑

「厚黑學」這個詞在上世紀八〇年代的中國一度非常流行，當時不少出版社都曾出版了一系列關於厚黑學的書。不過，很多書都跟李宗吾的《厚黑學》沒有本質上的聯繫，只不過借著厚黑學的名義獲得暢銷的可能，而且品質都很粗糙。

近年來，可能由於「厚黑」這個詞赤裸裸的含義，李宗吾及他的《厚黑學》已經很少被提起。近日，青年學者陳遠出版了新書《被忽略的大師——李宗吾新傳》，並在北京知名媒體《新京報》上開始連載，引發了讀者對這位厚黑教主的懷念。

被誤讀的思想

陳遠稱，這本《被忽略的大師——李宗吾新傳》是從新的視角研究李宗吾，「我是把李宗吾和《厚黑學》放在一個思想史的背景裏去觀察。」

該書由「成長」、「厚黑教主的厚黑思想」、「李宗吾的教育經歷及思想」和「李宗吾在二十世紀思想史中的位置」、「李宗吾的晚年」五部分組成。全書約十七萬字，以百日維新、辛亥革命、五四運動等社會變革時期中國種種思想發展變革為背景，研究與揭示李宗吾的思想，尤其是其「厚黑學」的本質。

陳遠認為，《厚黑學》的寫作背景是軍閥混戰時期，李宗吾以這本書針砭時勢，表達了他的激憤之情，這種看法林語堂表達得淋漓盡致。另一方面，辛亥革命雖然推翻了中國幾千年的帝制，但是，沒有動搖的是隱藏在幾千年帝制後面的文化心理。李宗吾自己認為《厚黑學》的出現為新的局面提供了新的思維方式。

據說，本書連載後，得到了知名學者李澤厚的注意。他曾對陳遠表示：「你這本書寫出來一定是暢銷書。」

被忽略的大師

現在的年輕人，很多人都只是聽說過李宗吾，但是很少有人知道李宗吾是個什麼樣的人，這種情況在學術界也不同程度的存在著。

對此，陳遠解釋說，學術界對於李宗吾的忽略原因是多重的，一方面是他的思想看起來不是那麼「正統」，另一方面，李宗吾不是學院裏的學者，沒有眾多的弟子傳承他的思想。

在這本書中，陳遠提到，「至今仍有不少人依然奉『厚黑』為自己的處世之道，還在內心深處依然供奉著這位『厚黑教主』的牌位，殊不知，這恰恰違反了這位厚黑教主的本意。」

他認為，很多人只是從字面意思上理解《厚黑學》，說《厚黑學》就是提倡「臉厚心黑」。而李宗吾寫《厚黑學》的本意並非如此。

陳遠覺得，《厚黑學》是個人主義是從傳統思想中衍生出來的個人思想的結果。李宗吾《厚黑學》的核心其實是：「自由思想，獨立精神」，這是後來的學術界直到現在還時常掛在嘴邊的八個字。

※《被忽略的大師——李宗吾新傳》為本書於中國大陸出版時的書名。

報導之二／《新京報》：「《李宗吾新傳》為厚黑教主正名」

曾在本報連載《被忽略的大師——李宗吾新傳》近日由中國檔案出版社結集出版，該書從思想史的角度研究李宗吾的「厚黑學」，並將李宗吾的一生經歷融入其中。該書作者、青年學者陳遠表示，雖然過去也有學者為李宗吾作傳，但這本書是以一種新的視角研究李宗吾。

《被忽略的大師——李宗吾新傳》由「成長」、「厚黑教主的厚黑思想」、「李宗吾的教育經歷及思想」和「李宗吾在二十世紀思想史中的位置」、「李宗吾的晚年」五部分組成。全書約十七萬字，以百日維新、辛亥革命、五四運動等社會變革時期中國種種思想發展變革為背景，研究與揭示李宗吾的思想，尤其是其「厚黑學」的本質。

陳遠表示，《厚黑學》在上世紀八〇年代一度非常流行，當時曾出版了一系列關於厚黑學的書，但是很多都跟李宗吾的《厚黑學》沒有本質上的聯繫，只不過借著厚黑學的名義獲得暢銷的可能，而且品質都很粗糙。而《被忽略的大師——李宗吾新傳》則是從新的視角研究李宗吾，「我是把李宗吾和《厚黑學》放在一個思想史的背景裏去觀察。」陳遠說。

陳遠解釋說，學術界對於李宗吾的忽略原因是多重的，一方面是他的思想看起來不是那麼「正統」，另一方面，李宗吾不是學院裏的學者，沒有眾多的弟子傳承他的思想。

陳遠：以李宗吾還原一段民國史在思想史裏考察李宗吾與《厚黑學》

新京報：你寫作《李宗吾傳》的契機是什麼？為什麼對李宗吾很感興趣？

陳遠：我對李宗吾這個人發生興趣是在幾年前。最初還不是因為他的《厚黑學》，而是他的教育思想吸引了我。

李宗吾的教育思想與主流看法不太一樣，他主張從傳統書院制度尋求借鑒，他提出的教育制度，是讓學習者能夠自主學習，最後的門檻就是考試，用考試來鑒定學習者的學習成果。這跟西方嚴格的學科制度有很大出入。同時期的蔣夢麟等人從美國留學回來，使得西方的教育模式占了教育的主導地位，而李宗吾的教育主張就顯得非常獨特，可以比較的還有唐文治創辦的無錫國專，也是在傳統的書院制度裏尋找資源。由此，我對李宗吾這個人產生了興趣。

還有一個契機就是我個人對於歷史的興趣。我們現在所看到的或者說歷史呈現給我們的只是一小部分，做歷史研究就是讓過去的歷史盡可能完整地呈現出來。《李宗吾傳》給了我這樣的一種機會，讓我去還原一段民國歷史。

新京報：《厚黑學》曾經一度非常流行，但是學術界似乎一直忽略了李宗吾。

陳遠：《厚黑學》在上世紀八〇年代一度非常流行，八〇年代就出來一系列關於厚黑學的書，但是很多都跟李宗吾的《厚黑學》沒有本質上的聯繫，只不過借著厚黑學的名義獲得暢銷的可能，而且品質都很粗糙。

上世紀四〇年代有一個川大的教授叫張默生，寫了一本十萬字的關於李宗吾的傳記——《厚黑教主李宗吾傳》，這本書把李宗吾一生的關鍵思想做了陳列，從今天的角度來看，作為開山意義上的研究李宗吾著作，那本書是我們無法繞過的。

學術界對於李宗吾的忽略原因是多重的，一方面是他的思想看起來不是那麼「正統」，另一方面，李宗吾不是學院裏的學者，沒有眾多的弟子傳承他的思想。

新京報：相比以往大家認識到的李宗吾和《厚黑學》，你這本書能帶來什麼新鮮的東西？

陳遠：這本書，對於不瞭解李宗吾的人來說，帶來的當然是全新的東西，對於比較瞭解李宗吾的人，則是提供了新的視角，以前沒有人從這種視角研究過他。我是把李宗吾和《厚黑學》放在一個思想史的背景裏去觀察，採取了新的視角來分析他。《厚黑學》並不是提倡「臉厚心黑」

新京報：你在書中提到林語堂、吳稚暉、柏楊等人對李宗吾《厚黑學》的讚歎之情，也提到了曹聚仁等人對這本書的鄙薄，你怎樣看待這種觀點的交鋒？

陳遠：我不想去評判他們怎麼看待《厚黑學》，要讓我說，我覺得李宗吾《厚黑學》的核心是：「自由思想，獨立精神」，這是後來的學術界直到現在還時常掛在嘴邊的八個字。而且我還覺得《厚黑學》是個人主義是從傳統思想中衍生出來的個人思想的結果。個人主義雖然有一些必須加以警惕並需要批判的成分，但也要承認，其中也存在值得揚棄的內容。這些以往的評論都沒有說到過。我曾經跟朋友探討這個問題，他們認為在傳統文化的土壤上不可能產生個人主義的因數，但是我不這麼看，看看書中我的敘述，就可以得到答案了。

新京報：這本書的小引中，你提到「至今仍有不少人依然奉『厚黑』為自己的處世之道，還在內心深處依然供奉著這位『厚黑教主』的牌位，殊不知，這恰恰違反了這位厚黑教主的本意。」你能解釋一下這句話的意思嗎？

陳遠：很多人只是從字面意思上理解《厚黑學》，說《厚黑學》就是提倡「臉厚心黑」。而李宗吾寫《厚黑學》的本意並非如此。

我覺得可以從兩方面來說，《厚黑學》的寫作背景是軍閥混戰時期，李宗吾以這本書針砭時勢，表達了他的激憤之情，這種看法林語堂表達得淋漓盡致。另一方面，辛亥革命雖然推翻了中國幾千年的帝制，但是，沒有動搖的是隱藏在幾千年帝制後面的文化心理。李宗吾自己認為《厚黑學》的出現為新的局面提供了新的思維方式。

李澤厚曾說「這本書一定是暢銷書」

新京報：你這本書計畫在新京報上連載，以往新京報上連載的書都是風格輕鬆的暢銷小說，你的書與這些小說的風格明顯不同，你覺得讀者的閱讀量會減少嗎？

陳遠：你要問我我當然說不會，王婆賣瓜嘛。不過這本書和李宗吾本人確實都是相當有意思的。前一段時間我去李澤厚先生家裏，說起這個事情。他說：「你這本書寫出來一定是暢銷書。」很多人都只是聽說過李宗吾，但是很少有人知道李宗吾是個什麼樣的人。我想大概會有人關注吧。

新京報：我注意到你在書中較多引用了李澤厚的觀點，他的思想對你寫這本書有很大的影響嗎？

陳遠：我覺得可能不是這麼簡單。我很早就讀過李澤厚先生的著作，他對我的影響也很大。但是在寫這本書時，我並沒有刻意地把他的理論作為這本書寫作的理論框架，但是當我閱讀了很多的資料之後，我發現李澤厚先生的一些觀點跟我竟然是如此的契合！可能我在不知不覺中受到了他的影響吧。

※《被忽略的大師——李宗吾新傳》為本書於中國大陸出版時的書名。

附錄三

評論九篇

「原生態」的思想家——評《李宗吾新傳》

王學泰（學者）

1、「厚黑教主」舊相識：

知道有「李宗吾」這位怪才將近快五十年了。那是一九五七年的正式反右之前，此時正在熱火朝天地批判「不健康」的詩歌作品了，其中最典型的、被各類報刊點來點去是《吻》和流沙河的《草木篇》。《草木篇》五首如此頻繁的「出鏡」，不由得我們這些少不更事的中學生不注意。後來批《草木篇》的溫度升高，被視為「反動階級的宣言」更吸引我們的注意。在一片討伐聲浪中，突然有位四川大學中文系教授張默生替《草木篇》辯護，他說「詩無達詁」（意為詩不是只有一種標準的解釋），反對「穿鑿附會」。這引起我對張先生的興趣，到北京圖書館一查張默生其人，得知他還有一本《厚黑教主李宗吾傳》，借來一看，真是亦莊亦諧，「滿紙荒唐言，一把辛酸淚」。從此記住了李宗吾這個人。一九八九年七月「求實出版社」出版了《厚黑學》一書，好像是故人重逢，馬上買了一本，再度讀了這本「奇書」；現在是閒在屋中坐，書從天外來。陳遠先生頂著炎炎烈日拿來他的新著《李宗吾新傳——民國思想史上第一人》徵求意見，使我想起從「初識」李宗吾到現在的種種曲折，真是有趣。

2、「原生態」的思想家？

既然「認識」厚黑教主那麼久，看到了「新傳」自然忍不住要說兩句。過去讀「厚黑學」「厚黑叢話」乃至「心理與力學」都是從「文學角度」，把這些一律看成「怪體雜文」（川人想像豐富，總愛建立一種正常之外的體式。連調味還要在五味之外，調一怪味），與章克標《文壇登龍術》同科。說它正言若反也好，說它有激而言也好，總之，都是認為這些文章本質與魯迅雜文一樣都是批判社會現實的。沒有認真分析李宗吾的言論的思想內涵，當然也就不會考察這些思想產生的社會氛圍和學術背景了。陳遠這本「新傳」與張默生舊「傳」的不同之處在於認真考察和分析自清末至民國間中國思想界變遷及李宗吾在這個變遷中的地位。還原了李宗吾一個思想家的面貌，評介李宗吾思想價值及與當時思潮的關係，這些是我沒想到的。雖然對此書的結論我不見得都贊同，但確實有不少足以使我頓開茅塞的地方。

李宗吾是位獨特的思想家，用陳遠的話說他是個思想獨立的人：「不宗聖人宗自己」。用現在文化界流行的一個詞說：他是「原生態」的，受外來影響不大（純粹的原生態已經不存在了）。十九世紀末葉，歐風美雨，撲面而來。有激於現實而思改造的人們，無不負笈海外，以求救國救民之道。先是去日本，然後是美國、歐洲、最後是蘇俄。從辛亥前後到五四，中國思想界有如萬花筒，五彩奪目，但都有外來背景。而李宗吾則不然，雖然他口中也有點新名詞，什麼「庚弟愛因斯坦」（李與愛同庚）「唯物史觀」等等純係遊戲之筆，不必認真。他無論思考和寫法都顯得很「土」，純係中國氣派。他自云，其著作是拉雜極了，「彷彿是一個大山，滿山的昆蟲鳥獸、草木土石等等，是極不規則的，惟其不規則，才是天然狀態」。他只是把我胸中的見解，好好歹歹和盤托出，使山的全體表現，有志期道者，加以整理，不足者補充之，冗蕪者刪削之，錯誤者改正之，開闢成公園也好，在山上採取木石，另建一個房子也好……」，總之，他給讀者的似乎是渾金璞玉，做成什麼，全憑讀者自己。李宗吾自己也意識到自己的「原生態」特點，因此有人勸他從俗改為「歐化」的「新式筆法」時，他堅決反對。說「孔子手著的《春秋》，旁人可改一字嗎」？

李宗吾生長在四川，一生未出夔門，老死於是鄉，學歷不高（上過半新不舊的四川高等學堂），其見聞受到一定的局限。宗吾很清楚這點，所以他不在「西學」背景上與他人爭一日之長。他守定思想的本土資源，關注現實生活，獨立思考（自稱是從自己的頭腦中拿出來的），並用川人特有幽默口吻出之，於是，我們看到一位幾十年後，國人仍對他充滿興趣的「厚黑教主李宗吾」。

3、「厚黑」是個思想與話語的平臺：

自民國元年，李宗吾發表了「厚黑學」之後，到一九四三年去世，這三十多年中可以言必稱「厚黑」，寫作不離「厚黑」。反對者攻擊他，好心者勸他，希望他不再講「厚黑」。張默生可以說李宗吾知音兼崇拜者，也這樣勸他，做點正經的學問。為什麼李宗吾始終持「厚黑」而不輟呢？其根本原因在於他只是個「原生態」的思想家，如果失去「厚黑」這個早已取得的話語平臺，便沒有人聽他說話了。

須知話語也是一種權力。殷海光曾對胡適說，你講寬容，應該對有權人去講，不要對我們這些無權人講，胡適說，你能講話、能發表文章，怎麼能說無權呢？並不是每個人都擁有這個權力的。李宗吾偏處一隅，沒有政治地位、學術地位，講話有誰聽！甚至發表都有困難。民國時期報刊雖多，但也多有背景，作者也多有圈子，哪能自由自在任意發表自己那些土裏土氣的「原生態」的思想。對於這一點，李宗吾自己也有清醒的認識。他有些悲涼地說：「學術界中古之孔孟程朱諸人無倫矣，今之梁啟超章太炎等輩，亦取有相當地位；我輩無名小卒，敢與抗衡哉？雖有發明，誰能注意？民國元年，弟發明厚黑學，頗為人所稱說，故常常講之，欲引起讀者注意，因而讀我心理與力學之書耳。蓋厚黑者，固弟所踞地盤也。」因此，他才三句話不離厚黑，就是為了引起關注，取得話語權。實際上李宗吾早年所說的「厚黑」與抗戰中所說「厚黑」，用字一樣，內涵區別很大。實際上，自古以來「國學」中的許多概念帶有模糊性，原生態的思想家李宗吾更不能例外。陳遠要用一個「個人主義」或「個性獨立」為「厚黑」定位，我覺得有點膠柱鼓瑟。

4、思想前沿的思考者：

「新傳」提供許多證據說明李宗吾雖然處在「原生態」，但對於中國思想界的動向並不陌生。他的思考大多與當時思想界關注的問題有關。從辛亥革命、五四運動，到疑古學派、科玄之爭等社會運動和學術討論中，李宗吾都是有所表現，並站在前沿的。

例如寫在辛亥革命之前的《我對聖人的懷疑》中所表現的反傳統、反專制、反孔、反皇權的思想與「五四時期」啟蒙者思想家是很相似的：

中國的聖人，是專橫極了，他莫有說過的話，後人不敢說，如果說出來，眾人就說他是異端，就要攻擊他。……學術上的黑幕，與政治上黑幕，是一樣的。聖人與君主，是一胎雙生的，處處狼狽相依。聖人不仰仗君主的威力，聖人就莫得那麼尊崇；君主不仰仗聖人的學說，君主也莫得那麼猖獗。於是君主把他的名號分給聖人，聖人就稱起王來了；聖人把他的名號分給君主，君主也稱起聖來了。君主鉗制人民的行動，聖人鉗制人民的思想。……中國的人民，收了受了數千年君主的摧殘壓迫，民意不能出現，無怪乎政治紊亂；中國的學者，受了數千年聖人的摧殘壓迫，思想不能獨立，無怪乎學術消沉。因為學說有差誤，政治才會黑暗，所以君主之命該革，聖人之命尤其該革。

這一段把儒家思想與專制帝王的關係說透了。雖然這些想法可以在二十世紀初的報刊（如《國民報》《大陸》《越報》等）上聽到一些類似的迴響，但這些報刊不是辦在海外，就是辦在外國租界裏，大多也在東南沿海，閉塞的四川未必能看到。應該說這些想法都是李宗吾從自己的頭腦（他稱作「囊」）中拿出來的，如探囊取物一般。怪哉！李宗吾。

※《被忽略的大師——李宗吾新傳》為本書於中國大陸出版時的書名。

「厚黑」：個性獨立的先聲？

朱正（學者）

讀陳遠的《被忽略的大師——李宗吾新傳》，引起了我少年時候的回憶。那時我在念中學，懷著很大的興趣讀了李宗吾著的《厚黑學》。不記得是因為同學的推薦呢，還是自己在書店裏發現的。薄薄一小冊，中學生也買得起的。這幾乎是六十年前的事了，想起來那封面還如在目前，書的內容也約略還能記得。

這本書名叫做《厚黑學》的小冊子，就是拿「厚」和「黑」這兩個字來解釋歷史上一些人物所以成所以敗的原因。所謂「厚」，指的是臉皮厚，不知恥，不識羞，不要臉，不怕旁人的議論，不怕自己的所作所為被揭露出來。

所謂「黑」，指的是心地黑，殘忍，毒辣，什麼傷天害理的事情都敢做，肆無忌憚。一個人能夠不要臉面，不講良心，他受到的約束就少，就容易取得成功。

《厚黑學》說：古之成大事者，不外面厚心黑而已！三國英雄，曹操其首也。曹逼天子，弒皇后，糧罄而殺主者，晝寢而殺幸姬，他如呂伯奢、孔融、楊修、董承、伏完輩，無不一一屠戮，寧我負人，毋人負我，其心之黑亦云至矣。次於操者為劉備，備依曹操、依呂布、依袁紹、依劉表、依孫權，東竄西走，寄人籬下，恬不知恥，而稗史所記生平善哭之狀，尚不計焉。其面之厚亦云至矣。又次則為孫權，權殺關羽，其心黑矣，而旋即講和；權臣曹丕，其面厚矣，而旋即與絕，則猶有未盡黑未盡厚者在也。總而言之，曹之心至黑，備之面至厚，權之面與心不厚不黑，亦厚亦黑……之三子，皆英雄也，各出所學，爭為雄長，天下於是乎三分。

整本書，都是一些諸如此類的議論。那時，我是多麼喜歡這些論辯呀。我自己讀，還推薦給同窗好友讀。

陳遠的書裏引證了我的口述自傳《小書生大時代》裏面的一個材料：一九四八年友人何金銘兄給我的信，信中說：「這位李宗吾先生雖是憤世嫉俗，有所感而作書，但我覺得未免過火了。潑辣的譏諷是不好的，因為這近乎罵街……」陳遠在引證了金銘兄的這信之後接著寫道：「朱正在書中沒有說到自己當時對於《厚黑學》的看法，大概跟他的這個筆友的看法類似。」這個推論是不確的。

李宗吾把他的厚黑學稱為「厚黑史觀」，自許甚高。其實不過是有人評論過的那樣，只是《東萊博議》一類的文章，是一種思辯的遊戲。遠不足以號稱一種「史觀」。假如說，歷史上的成敗只是取決於面厚心黑的比賽，面最厚心最黑者獲勝，而講操守講道義的人，也就是面不厚心不黑者失敗。那麼請問：蔡鍔在雲南起義打破了袁世凱稱帝的計畫，是不是因為蔡鍔比袁世凱面更厚心更黑呢？一個歷史人物的個性乃至癖好、道德面貌，往往給歷史進程帶來或大或小的影響，唯物史觀也是承認這一點的。一個不講原則不擇手段的活動家也往往有更多獲勝的機會。但是想只用面厚心黑這一個條件來解釋全部歷史，是絕對辦不到的。

正如金銘兄說的，這是一本憤世嫉俗的書。從陳遠寫的這本傳記中，我瞭解到了這位「厚黑教主」的生平經歷。他是看到了官場上那些卑鄙無恥、趨炎附勢、居心險惡、手段毒辣的人，十分痛恨，又沒有辦法去對付他們，只好寫出這麼一部書來揭露他們的老底，指出他們之所以能夠無往而不勝，所憑仗的不過是「厚」、「黑」二字而已。所以，這是一本譴責的書，一本諷刺的書。它譴責、諷刺腐敗的官場，譴責、諷刺那些不要臉的沒良心的卻在官場上吃得開的人物。

陳遠的這本書中，還徵引了李宗吾的《迂老自述》、《厚黑叢話》等著作，以及張默生的《厚黑教主李宗吾傳》等書，使我對李宗吾的思想有了更多的瞭解。例如，他在《厚黑叢話》中說：凡人在社會上做事，總須人己兩利，乃能通過行礙。孔孟的學說，正是此等主張。……叫儒家損人利己，固然絕對不做，就叫他損己利人，他也認為不對。

觀於孔子答宰我「井有人焉」之問……就可把儒家真精神看出來。此等主張，最為平正通達。李宗吾所舉的例證，見於《論語・雍也》篇：宰我問曰：「仁者，雖告之曰：井有仁焉。『其從之也？』何為其然也？君子可逝也，不可陷也；可欺也，不可罔也。」

這就是說，有人掉到井裏了，孔子認為應該去設法救他，可是不贊成跟著跳下去。李宗吾認為這是「最為平正通達」的主張。我想起魯迅在〈我之節烈觀〉裏說的一句話：「道德這事，必須普遍，人人應做，人人能行，又於自他兩利，才有存在的價值。」陳遠認為，李宗吾這一見解是「表達了個人主義的聲音。與諸多借助於西方語境的個人主義聲音不同的是，李宗吾再一次把老祖宗的思想資源作為自己論證的材料，雖然他沒有明白地提出個人主義這一個詞」。

從這樣的一種看法出發，陳遠把厚黑學在思想史上作了這樣的定位：如果把李宗吾的厚黑學中的「厚」視為「隱忍」，「黑」視為「堅毅」，厚黑學未嘗不能視為要求個人獨立的先聲，何嘗不是在個性萎靡的時代發出的啟蒙之光？只不過，李宗吾的厚黑學的缺陷在於缺少一個合理的限制，那就是所有的一切都應該在「法」的框架之內，不過用法律的眼光去評判先人顯然是超越了歷史的語境，當時沒有多少人具備法律眼光。

這當然是一種新的視角，可以供大家思考的。

※《被忽略的大師——李宗吾新傳》為本書於中國大陸出版時的書名。

皮果然厚　心未必黑

邵建（學者）

知道李宗吾時就知道了厚黑，知道厚黑時也就知道了李宗吾，兩者於我是同步的，也是不甚了了的。自己從未打算給予閱讀的垂青，要讀的東西太多。現在不然，這是年輕朋友寫的書，朋友年輕倒也罷了，但很有野心，要以李氏為開端，打造出二十世紀的另外一種思想史。而我看到，除了該書名字《被忽略的大師——李宗吾新傳》外，封面上亦不吝對他做這樣的定位：「民間思想史上第一人」。

至於本書的傳主更是當仁不讓，張口就沒遮攔：「我的思想，可說是建築在厚黑史觀上。」又說：「我發明厚黑史觀。用厚黑史觀去讀二十四史，則成敗興衰，瞭若指掌，用厚黑史觀去考察社會，則如牛渚燃犀，百怪畢現。」

一魚三吃，陳遠的《李宗吾新傳》至少可以一書兩看。它同時打開兩個層面，一個層面是傳主個人的奇情異跡，另一個層面則是思想史上的探點挖掘。作傳人雖然志在後者，但筆鋒亦不稍讓其前。在閱讀中，我的思緒遊走於兩個層面之間，淺淺深深，逶迤而行。待其卷終，前者，奮我以奇；後者，啟我以新。

所謂新，是一種新的努力，亦即在思想史的耙梳上另闢蹊徑。二十世紀思想史的脈絡其實早已分明。一九三四年，就有了郭湛波的《近五十年中國思想史》，該書當屬此領域的草創之作，它拎出來的線條是從康、梁開始，一路往下，陳獨秀、胡適之等新文化中人亦在其中。陳遠的志意，是從民間思想的角度，考古出另一條被遮蔽的思想史理路。即以李宗吾而論，以厚黑破門，見不輸於陳、胡而名不列於經傳，豈非思想史的一種缺失？這裏的民間，是相對於學術體制而言，身在京城或北大的陳獨秀、胡適之們，有天時地利人和之便，很自然就成為學術中心。遠在「巴山蜀水淒涼地」的李宗吾，無同朋相互援引，以棄置之身，發曠古高論，雖流行一時，卻拒載正史，歷史原來這麼世故。李宗吾當年論及梁啟超等，長發浩歎：「我輩無名小卒，敢與抗衡哉。」不意他作別人間幾十載，卻有一個後生，要以他為龍頭，畫出思想史的另一副面目。此公地下有知，亦當掀髯而笑，儘管圖像上他瘦而無鬚。

不過，新，未必就是價值。這個人的文字，從思想史角度，能提供一個什麼樣的闡釋空間，而且水有多深，這才是應引起注意的。該著寫作雖然主以客觀呈現，讓人物自己唱念做打，但並不回避著者自己的解讀。比如厚黑，在李氏那裏，不過皮厚心黑，到著者這裏，卻兀地有了一個價值轉換，厚即「隱忍」，黑則「堅毅」。於是，厚黑學是那個時代「個性獨立」的個人主義之先聲。這樣的解釋，從材料的鋪墊，到點睛時的著墨，就閱讀感覺，覺得陡了些。但細繹之下，厚黑中的個人主義因數，又並非羚羊掛角，無跡可求。於是，殊途同歸，處學術江湖之遠的李宗吾便和北方的新文化中心遙相呼應。其所不同，胡適之的個人主義源自西方，而李宗吾的思想資源卻基因於自身的古老傳統。從傳統中剖石現玉地展示個人主義在思想史上的延伸，哪怕是斷續的，也正是作傳人於此書背後的文化心願。

思想史，多累人的一面。好在該書可看性強，它在敘述層面上，能把傳主「奇」的一面有效勾勒。李宗吾本身就是個奇人，甚至狂人。自謂「厚黑教主」，聲稱於儒道釋之外，別創厚黑一教。如此自擂，皮不可謂不厚，心卻不黑。傳主一生，特立獨行。即使是死，都別有他樣。宗吾一生嗜酒，據其孫女回憶，臨死之前，並無跡象。不過從書桌邊站起，轉身去倒茶。一手提壺，一手持杯，壺嘴往杯子傾斜時，不料杯子跟著傾斜，人也傾斜了下去。待被扶起，意識已經模糊。宗吾的妻子不禁抱怨：「你就是喝酒太多了。」不料，模糊中的李宗吾拼其餘力，回上一句：「我就是喝酒喝少了。」然後，永遠地「醉」了過去。

如此死，很傳奇。微斯人，其誰歟！

※《被忽略的大師——李宗吾新傳》為本書於中國大陸出版時的書名。

野生的陳遠

蘇小和

許多年以後，我仍然不能把我在二〇〇一年五月的一個上午看到的陳遠與二〇〇六年七月的一個下午看到的陳遠聯繫在一起。二〇〇一年的陳遠從石家莊來北京玩，我領著他去了金融街。那時金融街的草坪已經綠得很不錯了，我們坐在草坪的邊上說著詩歌女人圖書館美學等等亂七八糟的事情。我聽他說他很少去教室，專業課基本未聽，他當時的意思是他這麼不遵守紀律，畢業考試怕的是無法通過，學士學位恐怕也很難拿到。我說這麼多時間你總得找點事情做吧，他說自己找書看同學們都上課去了他便一個人跑到學校的圖書館看書好多從來沒有人借閱的書他都拿來看了。到二〇〇六年的七月的一個下午我們再次在北京遇到，寒暄幾句之後，陳遠便遞上來他的一本歷史著作：《被忽略的大師——李宗吾新傳》。

我的惶惑紛至沓來。我認為我是瞭解陳遠的。他是一九七八年生人，本科生，學的是化工專業，與歷史完全不搭界，但現在他似乎以史學為職業了，這中間需要走多少彎路，有點歷史底子的讀書人恐怕都難以想像。最不好建設的，當屬史學方法。所謂義理、考據、辭章，考據是最出功夫的，陳遠沒讀過一天歷史系，這種功夫從何而來？辭章也是個問題，我記得當時陳遠是寫過詩歌的，我還記得他寫起詩歌來左右彷徨，對怎麼寫，寫什麼似乎都有猶豫，因此寫出來的詩歌顯得感覺不到位，力道也不足。況且詩歌的審美范式與史學相去甚遠，一個玩的是感覺，語言以遊移飄忽為上乘，一個則講究句句有出處，段段有來源，來不得模糊，來不得妄論。

可是陳遠似乎較好的完成了這種審美跨越。

陳遠的著作就在這裏，我仔細讀了，文筆竟然是不慍不躁，控制有度，話裏話外明顯有民國時代讀書人搖頭晃腦的遺風。再看索引，一大堆材料陳列在書的字裏行間，年輕的陳遠說起話來慢條斯理，有根有據，儼然一副史學方家的模樣了。義理層面的問題陳遠似乎也不在話下了。眾所周知，一九七八年出生的年輕人，腦子裏被灌輸的固有觀念單一且荒誕，沒有一定的契機，沒有一定的自我懷疑能力，拿出獨立、自由的觀點，是有難度的。何況陳遠頭一個課題竟然是李宗吾。中國近現在有思想史以來，李宗吾可能是被誤讀最離譜的學人了。世人說到李宗吾的厚黑學，都一致認為此乃欺世盜名，招搖撞騙的專業指導書籍，只有李宗吾當年的親朋好友才瞭解厚黑學的精言大義。如同本書作序者，著名歷史大師許倬雲先生所言，「李宗吾一生，大多數人只知道他是厚黑教主，以為他提倡做人要面厚心黑，卻也有人深知《厚黑學》裏寓針砭於嘲諷人類社會，不論在哪一文化體系，其實都有理想與現實之間的落差」。聰明如李宗吾被人間誤讀多年，到今天，竟然由一個二十八歲的翩翩少年來拂拭掉堆積在先生身體上的重重塵埃，年輕的陳遠所做的工作，一開始就是在懷疑，就是在重構，這既需要勇氣，也需要功底也。

看來，陳遠之出現在史學界，有兩個向度的意義。第一種表述是，陳遠當下的成績，恐怕是對現行教育體系的一次小小諷刺。略為主觀的結論是，現行本科教育既沒有提供給學生從事學術研究的方法，也沒有培養學生獨立的學術品質，甚至沒有提供給學生自由閱讀的空間，在程式化的本科教育體系中，我們很難再找到陳遠這樣的例子。我的意思是說，今天的陳遠，他在史學方面的收穫，純粹是一個偶然，他用一種野生的方式，幾乎奇跡般的培育了僅僅屬於他自己的學術方法。第二種表述則是，陳遠在完全非主流的邊緣狀態，對主流意識形態和官方史學體系進行了一次徹底的消解，他越過諸多強勢定義，直接挖掘歷史，用自己的個體行為還原了歷史的本來面貌。

顯然，前者屬於獨立精神，後者則屬於自由思想。陳寅恪當年鼓與呼的知識份子精神，在年輕的陳遠身上得到了傳承。無怪乎大歷史學家如許倬雲願意給陳遠寫序，大思想家如李澤厚也捨得為陳遠面授機宜，諄諄鼓勵。有意思的是，陳遠在接受記者採訪時，也把「獨立之精神，自由之思想」的桂冠戴在了李宗吾的頭上，這一方面是陳遠為李宗吾的定位，另一方面應該也是陳遠學術工作的立場性陳述吧。

※《被忽略的大師——李宗吾新傳》為本書於中國大陸出版時的書名。

獨持偏見，一意孤行——被誤讀與被冷落的李宗吾

潘采夫

在二十世紀中國思想史和文化史上，李宗吾是個人物，也是個大有爭議的人物。在大眾層面，他是首創了「厚黑學」擁有海量粉絲的厚黑教主，人人讀厚黑，人人行厚黑，而人人罵厚黑，於是李宗吾既成就了大名，又背負了「傷風敗俗」的惡名。在思想層面，他反孔孟，反儒教，批判專制社會，設計教育制度，著有《我對聖人之懷疑》、《心理與力學》等力作，卻曲高和寡，知音寥落，嘗盡了被冷落，被忽略，被邊緣化的苦楚，以至於處於「書紅人不紅」的境地，為其做傳者，不過二三人。

青年學者陳遠志在打撈思想史上的失蹤者，他在新著《李宗吾新傳》中給了傳主相當的評價，將其譽為「民間思想史上第一人」，與「五四」同期的啟蒙思想家，並稱李宗吾的厚黑學為要求「個性獨立」的先聲。這些論斷頗有新意，是值得細細討論的。

李宗吾的厚黑學可用一句話道來，「古之所謂英雄豪傑，不外面厚心黑而已！」「當今之士，非臉皮厚，心子黑不可！」厚黑一詞，人人心中皆有，人人筆下皆無，因此「厚黑」一出，天下嘆服。堪稱「厚黑本天成，妙手偶得之」。類似的例子有吳思發明的「潛規則」一詞。

《厚黑學》一書，是李宗吾憤世嫉俗之作，旨在點破歷史的真相，揭穿英雄豪傑的真實嘴臉，這已是智者的共識。厚黑非從李宗吾始，也不會從李宗吾終，所謂被誤讀，實是李宗吾為「人心大壞」的社會，為中國的統治者背負的黑鍋。

《李宗吾新傳》有一個觀點，「李宗吾的早期《厚黑學》為中國本地土壤上生出的個人主義的先聲。」並提供論據如下，「如果把李宗吾的厚黑學中的厚視為隱忍，黑視為堅毅，厚黑學未嘗不能視為要求個性獨立的先聲，何嘗不是在個性萎靡的時代發出的啟蒙之光？」這種說法很有意思，也有創意，但我總覺得稍有牽強。李宗吾之後的著作中，個人主義與個性獨立的思想已經明顯，而我在厚黑學中並未發現這一點。作者的證據是李宗吾曾表示，因為有了〈我對聖人之懷疑〉中的思想，他才會發明厚黑學，問題是〈我對聖人之懷疑〉發表於一九二七年，而《厚黑學》發表於一九一二年，即使如李宗吾所說他的〈我對聖人之懷疑〉實際寫於一九一二年，李宗吾的話也不能作為最有力的證據，對《厚黑學》文本的分析才是最重要的，而《厚黑學》並未證明這一點。

對於「啟蒙思想家」的論斷，同樣建立在同一個孤證之上，即李宗吾所說，他的〈我對聖人之懷疑〉實際完成於一九一二年，由於某種並未說明的原因，發表於一九二七年，那時五四新文化運動已經過去八年了，吳虞一九一六年開始在《新青年》上打倒孔家店，一九一九年提出「吃人的禮教」，如果李宗吾此文在一九一二年完成，當然是偉大的啟蒙之光。但可惜並沒有其他證據來證明李宗吾自己的說法。

但是我猜想還有一種可能性，李宗吾的〈我對聖人之懷疑〉確實寫於一九一二年，但由於身處四川，處於當時思想學術中心的邊緣，沒有機會，也沒有陣地來公開自己的思想。這是十分可惜的，但願有新的證據來證明這種可能性。

對以上兩個觀點提出自己的疑問，並不代表否認了李宗吾的思想貢獻。事實上，他與五四派基本同期，但獨立於五四海歸派思想家，他是地道的本土派思想家。與諸多借助於西方語境的個人主義聲音不同的是，李宗吾將老祖宗的思想資源作為自己思想的素材，與海歸派互為表裏，殊途同歸，所以稱他為重要的民間思想家名至實歸。但是不是「第一人」，我沒有能力作出判斷。

至於李宗吾平生最看重的著作《心理與力學》（其中達爾文主義與克魯泡特金思想進行了批判）以及《社會制度之商榷》，我只看出了兩個字：調和，並未有其他發現。

被長期冷落的李宗吾思想能夠被重新發現和認識評價，青年學者陳遠的發掘之功不小。讀《正說李宗吾》，也可以看出陳遠對李宗吾的推崇，且頗有高山流水之感。這大概與兩人類似的經歷有關，陳遠寫道：李宗吾的思想沒有成為主流的原因，極重要的原因是他的文化身份，他一直處於文化中心之外的邊緣地位。對此，我的理解是，李宗吾不屬於「北大派」、「五四派」、「新青年派」等任何一派，不是國民黨派，也不是共產黨派，沒有圈子，沒有師承，沒有弟子，才導致了思想流傳不遠。而我熟悉的陳遠，同樣非出名門，沒有師承，也沒有被納入某著名的學術圈子，這種獨立治學的辛苦與寂寞，恐怕只有大陳遠一百年的李宗吾才能深刻理解吧。

附：讀李宗吾的《厚黑學》，總能讓我想起蘇東坡的〈洗兒詩〉：「人皆養兒望聰明，我被聰明誤一生，唯願吾兒愚且魯，無災無難到公卿。」為何？都是孤憤疾俗之作的緣故吧。

豈止「厚黑」傳天下

王昊

原以為陳遠的新著《李宗吾傳》是本厚重的大部頭，卻未曾料想只是本十餘萬言的小書，這倒令我頗感意外！比起坊間那些冠以所謂「厚黑學」之類的印刷品來說，一本十餘萬字的小書實在讓人覺得有些單薄。不過，一部傳記的優劣，畢竟不能只憑著字數來決定。在很長的一段時間裏，本書的傳主李宗吾曾消失在學術的視域之外的。世人曉得李宗吾，多是因為他那獨門的學問——「厚黑學」，而世人不能真正瞭解李宗吾，大半也是因了那門赫赫有聲的學問，以致使人忽略了他在文化教育領域內的其他作為。

在我看來，忽略一個人的歷史似乎並非是一件多麼要緊的事情，但誤讀一個歷史人物的思想而至空耗其人的思想和學術資源倒是件可怕的事情。讀了本書的「小引」後，這種感覺更見加深，而通讀了全書之後，這種感覺則尤其強烈。

按陳遠所稱，李宗吾是個學者、教育家、思想家，是被忽略的大師。但通讀本書之後，首先得到的感覺便是，李宗吾是個實實在在的人。產生這種感覺倒不是因為他將「人人心中知，只是人人筆下不便寫出」的「厚黑」二字大書特書，而是緣於他將自己的名字由「宗儒」改為「宗吾」之舉。

所謂「不宗聖人宗自己」，真是一語道破了千年以來所有中國文人的心結。歷史上，除了春秋戰國時代，中國文人們的性情較為開放而能有所爭鳴以外，在此後的千年歷史歲月中，文人們則大都蜷伏在王權政治之下，收斂性情，獨尊儒術。即便是在「五四」以後，「當知識界相當多的人都在談『獨立性』，都在號稱『獨立思考』，以致『獨立』已經成為一個流行詞、口頭禪的時候，『獨立』已經異化，已經恰恰成為隨俗」的時候，那些主張思想獨立的知識份子也不得不在精神上依賴某些不同背景的「圈子」。聖人獨尊的時代結束了，但「宗聖」的風氣依然如故。追求思想獨立的人們並不能完完全全地保持自己辯證的懷疑與清醒的自省態度，最終還是要「宗聖」，而非「宗自己」。古往今來，特立獨行者雖不乏其人，但將心底裏那句「不宗聖人宗自己」喊出來的，恐怕沒有幾位。李宗吾做到了，而且對「宗自己」還有更為深刻地自省。「宗吾者，主見之謂也。我見為是者則是之，我見為非者則非之。前日之我以為是，今日之我以為非，則以今日之我為主。如或回護前日之我，則今日之我，為前日之我之奴，是曰奴見，非主見，仍不得謂之宗吾。」此種帶有辯證色彩的認識應是不落當時先進思想之後的。

作者講，寫作本傳是要給傳主「搭起一個舞臺，這個舞臺上的唱念做打的功夫，全要靠李宗吾自己來修煉」。其實，在歷史的舞臺上，李宗吾還真是個不大不小的角色，戲份雖然不多，卻能讓人過目不忘。不過，人們只記住李宗吾的「厚黑」是遠遠不夠的。多虧了作者這本落墨不多，但資料較為翔實的小書，我們才能窺見「厚黑教主」的其他建樹。比如他在科舉和與科舉相關聯的書院制度尋找思想資源，主張「讓天才優越的學生不受學年的限制，使其創造的天分得以充分的發展，同時把學校開放，使校外的學生也能參加考試」；同時鼓勵私立學校發展，允許多種教育形式並存，以求打破教育壟斷。

作為一個思想者，李宗吾的肉身寂滅了，似乎除了「厚黑」，什麼也沒有留下。但作者還是在歷史的塵封中注意到了他那些被忽視卻又真實存在的思想碎片，並由此為契機，經過悉心的積累與搜集，從而以傳記的形式重新勾畫出一個比較鮮活的李宗吾。重要的是，《李宗吾傳》延伸了思想者精神的存在。

厚黑的人民好統治

黃鐘

《厚黑學》要比它的作者李宗吾名氣大。

十幾年前，《厚黑學》火得一塌糊塗的時候，我也趕時髦讀過一通。書裏那句「厚而無形，黑而無色」，「古之成大事者，不外面厚心黑而已」，過了十多年，筆者依然記憶猶新。如今，《厚黑學》的吸引力似乎不減當年。

雖然李宗吾稱厚黑之學是「小用小效，大用大效」。可是平心而論，對於什麼什麼「學」，國人關心的，委實不多。買《厚黑學》，讀《厚黑學》，恐怕大都是奔著「厚黑」二字去的，為的就是不「學」也有「術」。

儘管林語堂稱李宗吾是「蓋世奇才」，近代「新聖人」，可在這樣的環境裏，人們知厚黑，懂厚黑，用厚黑，卻對李宗吾是啥樣人物不甚了了，也就不奇怪了。就像陳遠先生所說的那樣，李宗吾成了一位被忽略、被誤解的大師。通過四五年的點滴積累，一番精心鉤沉梳理，陳遠向我們娓娓開講一位思想史上的失蹤者。他的《李宗吾新傳》是想盡可能向讀者還原一個本真的李宗吾。

李宗吾自稱「厚黑教主」。其實，在許多認識他的人眼裏，卻是另一種印象。比如，南懷瑾就說他「一點也不厚黑，可以說還很厚道」。半輩子大講特講厚黑學的李宗吾，一生並不發達，而且就連壽命也不長，一九四三年去世時才六十四歲，弄得那巴蜀鬼才幾十年後還一個勁地感慨，厚黑教主「如果活到古稀之年必定慘死！」鬼才斷言暗合了我湖南老家那句苦命人常常念叨的話：早死早好。

當然啦，李宗吾為人厚道並不妨礙他對世道人心有著非同尋常的洞察力。《厚黑學》成於「舊社會」，能風靡「新中國」，自有它的道理。不過，林語堂年那句「世間學說，每每誤人，惟有李宗吾鐵論《厚黑學》不會誤人」，是說過了頭。批判成了教唆，那是常有的事。就像全世界打菜刀的人，大概只有極少數極少數一小撮一小撮是想給顧客拿去殺人的。儘管如此，拿兩把菜刀砍翻稅務局的，剁了鄰居阿毛之類的事情，也還總是有的。這事是鐵匠管不住的。李宗吾可以宅心仁厚地寫《厚黑學》，可人們《厚黑學》讀了之後會怎樣想怎樣用，恐怕就難說了。

人們讀厚黑學幹嘛呢？不見得只是看清劉邦、張良之流的開國領袖開國元勳的厚黑嘴臉，從而對專制政治多一份冷靜，添一份理性，而是愈加堅信要在這個世道裏混得人模狗樣，就得面厚心黑。雖然一個世界一個國家哪會是厚黑兩字就能通吃，那劉邦當上皇帝，不只是因為黑透了，那劉備弄到荊州佔據巴蜀，也不只是因為厚極了。但是，簡單才有力量。一般人並不需要複雜，而只是需要他們的經驗能夠理解的確定答案。

儘管李宗吾自己標榜的是「思想獨立」，還說「馬克思的思想，是建築在唯物史觀上；我的思想，可說是建築在厚黑史觀上。」可是倘若像他那樣思想獨立地「用厚黑史觀去讀二十四史，則成敗興衰，瞭若指掌，用厚黑史觀去考察社會，則如牛渚燃犀，百怪畢現……」無論是看千年歷史，還是環顧四周，瞪大著眼睛也只能看出厚黑兩字來，大概會常常啟發人性中的弱點和陰暗，而光明和積極的一面則被蒙蔽了。於是，《厚黑學》就很容易成為對一個民族的心理暗示。

厚黑之外皆虛無。精通了厚黑學，即使害人之意不生，也是防人之心已有。結果惡性循環。不僅自我貶抑，而且還整個民族自我貶抑，以為不僅個人又厚又黑，國民性也是這德行！用厚黑去看，見那幫我打跑強盜的人不會發自內心地說聲謝謝，而是先想到這人怕是別有用心。厚臉黑心的另一面是死心。而哀莫大於心死。你籠罩在這樣的人群和氛圍裏，不絕望才怪了呢！於是，放下《厚黑學》，再想想周圍的人和事，就會對李宗吾佩服有加。因此，更增對《厚黑學》的需求。遺憾的是，鬼精鬼精的個人不見得就會組成一個大智大慧的民族。

老蔣當年禁《厚黑學》，還通緝李宗吾，認為他「敗壞人心」，實在是有點傻。他真的沒有悟出厚黑的人民好統治這樣的道理。在一個真正拒絕自由的時代，李宗吾的書是絕對不會成為禁書的。固然不會有人大張旗鼓地像祭孔那樣膜拜厚黑教主，官方史書裏也不會給他留個什麼位置，但會靜悄悄地讓他活在人民的心中。厚黑長存，教主不死。浸染著厚黑學的人民面對強權就只會是一個個抱成團的刺蝟，一盤盤攏不起來的散沙。缺乏自由的環境裏，大概這是最有可能出現的場景。

《李宗吾新傳》：歷史褶皺裏的大師

黃集偉

1、很多很多年後，如果有人想給余秋雨老師立傳，他至少要先找到馬蘭老師，反過來也一樣。撰寫本書時，青年學者陳遠找到的「馬蘭」是張默生，他比李宗吾小，用今天的話說，他甚至可以算是李宗吾的粉絲……而正是這位粉絲讀者撰寫的《厚黑教主李宗吾》一書使陳遠為今天的讀者找到一個瞭解這位被忽略的大師的確切路徑。無聊地想，某些時候，粉絲也很重要。

2、作者考證出大學者胡適與大師李宗吾的一些相似之處。其中比較好玩的，在怕老婆這一點上，胡與李英雄所見略同。胡的「怕婆經」由服從、跟從、盲從組合而成的「新三從四德」。胡認為，在全世界只有德、日、俄絕少怕老婆的故事。一個國家怕老婆的故事多，則容易民主，反之則否。而李宗吾則專門為相似的論調寫了一本書，叫《怕老婆的哲學》。

3、李宗吾去世後，成都各報以「厚黑教主辭世」之類的標題刊發訃聞，包括部分輓聯。我個人覺得，其中汪瑞如先生撰寫的那副輓聯將李宗吾生平與幻想夾雜，極為傳神。上聯：教主歸冥府，繼續闡揚厚黑，使一般孤魂野鬼，早得升官發財門徑；下聯：先生辭凡塵，不再諷刺社會，讓那些污吏劣紳，做出狼心狗肺事情。

4、說到輓聯乃至楹聯，至今雖未完全不存，但已至為罕見。現在流行的是MSN，是手機短信。或許就在不遠的將來，一個人死後的祭文沒有，輓聯沒有，那時流行的將是短信掃墓？彩鈴哀悼？不好不好，想著都鬧。

5、「昔人說，世間哪得有古文？無非換字法，減字法罷了。我們也可以說世間哪得有真革命呢？所謂革命，就是革名詞，不革實質，無非是換字法、嵌字法罷了……不過把皇帝換成大總統，總督巡撫革成督軍省長……」前面這話是作者援引李教主的洞見，難怪他在後來的時代裏被刻意遮蔽或蒸發……一個喜歡說真話的人在任何年代都不合時宜。

能與默生試比高——評陳遠著《被忽略的大師——李宗吾新傳》

陳夏紅

李敖先生在北大演講時，曾提及這麼一個事實：他所著的近百本書，至少有九十六本被臺灣當局禁止發行，只能在地攤上輾轉傳閱。在我看來，儘管盜版、私印等不合出版法規，但盜版、私印的大量出現，正說明這個「出版物」有著龐大的讀者群和市場，否則精明的盜版商是不會鋌而走險的。幾十年來，李宗吾先生的「厚黑學」正是在這樣一個難登大雅之堂的發行管道中才得以流傳下來。李宗吾的讀者們大約都是想學點厚黑學，以便在爾虞我詐的社會中有所收穫。

但是，正如《被忽略的大師——李宗吾新傳》的作者陳遠所發現的那樣，「二十世紀眾多知識份子，沒有人能像李宗吾一樣，在民間產生如此廣泛而深遠的影響；也沒有人像他一樣，在知識界如此長期地被忽略與誤解。」（陳著，第二頁）從這一點上來說，不管「新傳」到底有沒有新意，僅就其洋洋灑灑寫出人人心中所有、人人筆下所無的李宗吾，你就不能不佩服陳遠的學術敏感與歷史眼光。甚至可以這麼說，寫出一個具體而生動的李宗吾，給李宗吾的善男信女們樹立一個可愛亦可憎的精神偶像，這本身實在是一件功德無量的事情。

但是說實在的，陳遠的精神固然可嘉，他註定要為他的選擇付出艱苦卓絕的努力。為什麼呢？僅僅因為在陳著之前，已經有李宗吾本人留下來的帶有自傳性質的《迂老自述》、《我的思想統系》，另外還有張默生所著《李宗吾傳》（具體包括《厚黑教主別傳》、《厚黑教主正傳》、《厚黑教主外傳》）。對於寫人物傳記而言，我想比較容易的寫作狀態不過如此：或者傳主本人的直接、間接資料很多，都可以依據這些資料做客觀述評，作者的功力體現在對史料的取捨中；或者傳主本人的直接、間接史料很少，那麼作者根據邊邊角角的史料做傳，作者的功力體現在對於史料的爬梳中。而人物傳記比較難寫的，就是直接、間接史料不多亦不太少，作者的寫作受制於已有之不完全的資料，而很難有更新的發現，這樣寫作出來的東西就欠缺點新意。陳遠的難處正在這裏，李宗吾的自傳性文章、張默生和晚年李宗吾交往而形成的類似「口述傳記」比較常見，但是此外卻更難有其他發現，包括前人對傳主的研究，人物傳記說穿了還是史料與史識的學問，史料有限，縱然史識才高八斗，恐怕做出來的傳記也不能學富五車了。從這一點上來說，陳遠的《正說李宗吾——現代思想史上的厚黑教主》讓人眼前為之一亮的地方亦在於，陳著依據李宗吾、張默生提供資料的脈絡，又找到了其他資料如自貢市李宗吾學術研究會二〇〇四年編印的《李宗吾研究》創刊號等，使得讀者對陳著自然地產生一種期待。

那麼，陳著到底新在哪裡呢？不才看來大致有這麼幾個方面：

其一，在陳遠筆下，李宗吾成為民國思想史上與其同代相比有別卻又不可缺的思想家。張默生所著《李宗吾傳》緣於其得天獨厚的條件，獲取了大量後人無法獲取的鮮活的史料，但此亦很大地局限了他的眼光，使得他基本上只能做到就事論事，就人論人，就李宗吾論李宗吾。而在陳遠筆下，顯然多了一項內容，那就是從思想史角度，對於李宗吾與同時代的陳獨秀、胡適、毛澤東等前後左右的人物做了一定程式的比較研究。其比較的方法乃至結論可能還有許多可以商榷的地方，但其思路本身無疑是比較新穎的。

其二，在陳遠筆下，李宗吾成為民國教育史尤其四川地方教育史上一位重要的人物。張著對於事實的羅列倒也詳細，但是其記敘平鋪直敘，缺乏歷史的長遠與深邃。陳著第三部分專門以涉身教育之李宗吾思想轉變的關鍵點、吊打校長其案、李宗吾挨打、李宗吾的教育思想等幾部分，比較全面地勾勒出了李宗吾在民國教育史尤其四川地方教育史中的軌跡。

其三，由於新資料的發掘，在陳遠筆下，李宗吾的諸多事蹟有了更為詳細記述與描寫。如李宗吾被打一事，張著只有五六百字的篇幅，敘述蜻蜓點水，一筆帶過，而在陳著中，則參考笑蜀先生在劉文彩研究中對於李宗吾被打一事背景及過程的研究，再結合張默生已經勾勒出的概況，做了異常精彩的描寫。正是在這種對於前人以及同時代同人研究成果的參考，陳遠筆下的李宗吾則有了更廣闊的歷史背景，讀來以小見大，發人深省。

李宗吾自述其厚黑學來源於八股文法之截搭題，而陳遠對於李宗吾與陳獨秀、胡適等的比較研究也可以算是一種「截搭」吧。李宗吾自述如黃敬臨、雷鐵厓等好友可做「配享厚黑廟」的人，我想陳遠也是有此「配享厚黑廟」資格的吧，不為別的，就為陳遠通過其《被忽略的大師——李宗吾新傳》對於厚黑教主思想與人生的再一次傳播。

※《被忽略的大師——李宗吾新傳》為本書於中國大陸出版時的書名。

國家圖書館出版品預行編目

正說李宗吾——現代思想史上的厚黑教主 / 陳遠著. -- 一版. -- 臺北市 : 秀威資訊科技, 2009, 04
面 ; 公分. -- (史地傳記類 ; PC0070)
BOD 版
ISBN 978-986-221-181-6 (平裝)

1. 李宗吾 2. 傳記 3. 人生哲學

191.91 98003137

史地傳記類 PC0070

正說李宗吾
——現代思想史上的厚黑教主

作　　者 / 陳　遠
主　　編 / 蔡登山
發 行 人 / 宋政坤
執行編輯 / 賴敬暉
圖文排版 / 姚宜婷
封面設計 / 陳佩蓉
數位轉譯 / 徐真玉　沈裕閔
圖書銷售 / 林怡君
法律顧問 / 毛國樑　律師
出版印製 / 秀威資訊科技股份有限公司
台北市內湖區瑞光路 583 巷 25 號 1 樓
電話：02-2657-9211　傳真：02-2657-9106
E-mail：service@showwe.com.tw
經 銷 商 / 紅螞蟻圖書有限公司
台北市內湖區舊宗路二段 121 巷 28、32 號 4 樓
電話：02-2795-3656　傳真：02-2795-4100
http://www.e-redant.com

2009 年 4 月 BOD 一版
定價：350 元

讀　者　回　函　卡

感謝您購買本書，為提升服務品質，煩請填寫以下問卷，收到您的寶貴意見後，我們會仔細收藏記錄並回贈紀念品，謝謝！

1.您購買的書名：______________________

2.您從何得知本書的消息？

□網路書店　□部落格　□資料庫搜尋　□書訊　□電子報　□書店

□平面媒體　□ 朋友推薦　□網站推薦　□其他__________

3.您對本書的評價：(請填代號　1.非常滿意 2.滿意 3.尚可 4.再改進)

封面設計____　版面編排____　內容____　文/譯筆____　價格____

4.讀完書後您覺得：

□很有收獲　□有收獲　□收獲不多　□沒收獲

5.您會推薦本書給朋友嗎？

□會　□不會，為什麼？______________________

6.其他寶貴的意見：______________________

____

____

____

讀者基本資料

姓名：____________________　年齡：______　性別：□女　□男

聯絡電話：________________　E-mail：____________________

地址：______________________________________

學歷：□高中(含)以下　□高中　□專科學校　□大學

□研究所(含)以上　□其他______________

職業：□製造業　□金融業　□資訊業　□軍警　□傳播業　□自由業

□服務業　□公務員　□教職　□學生　□其他__________

請貼
郵票

To：114

台北市內湖區瑞光路 583 巷 25 號 1 樓

秀威資訊科技股份有限公司　　收

寄件人姓名：

寄件人地址：□□□

(請沿線對摺寄回,謝謝!)

秀威與 BOD

BOD（Books On Demand）是數位出版的大趨勢，秀威資訊率先運用 POD 數位印刷設備來生產書籍，並提供作者全程數位出版服務，致使書籍產銷零庫存，知識傳承不絕版，目前已開闢以下書系：

一、BOD 學術著作—專業論述的閱讀延伸
二、BOD 個人著作—分享生命的心路歷程
三、BOD 旅遊著作—個人深度旅遊文學創作
四、BOD 大陸學者—大陸專業學者學術出版
五、POD 獨家經銷—數位產製的代發行書籍

BOD 秀威網路書店：www.showwe.com.tw
政府出版品網路書店：www.*gov*books.com.tw

永不絕版的故事・自己寫・永不休止的音符・自己唱